「あなたから買いたい」と
言われる47の秘訣

トップ営業の気くばり

伊庭正康 Iba Masayasu

物を購入するときや、
仕事で新しいサービスを導入するとき、
次のAさんと、Bさん、
どちらの営業から買いたいと思いますか？

Aさん

- 「こうしてほしい」という要望に、淡々と答えていく
- こちらの確認はせずに、自分のペースで契約をどんどん進めていく
- 契約（納品）後は、連絡がパタリとなくなる。困ったことがあっても相談ができない
- 追加サービスの連絡など、ゴリ押しの営業メール・電話が多い

Bさん

- こちらの背景を聞きながら、「こうしてほしい」という要望以上に、満足度の高い提案をしてくれる
- 様子を確認しながら、契約を進めてくれる。何も言わずとも、不安に感じていた点を汲み取ってくれる
- 契約（納品）後も、積極的に相談に乗ってくれる
- ちょうど困っていたタイミングで連絡をくれる

ほとんどの人が「Bさんから買いたい」と答えるのではないでしょうか。

Aさんに対しては、「購入をやめておこう」と感じたり、購入したとしても1回きりの付き合いで終わるはずです。

Bさんに対しては、「またこの人に頼もう」と思ったり、同じようなことで悩んでいる人がいたらBさんを紹介するでしょう。

Bさんが押さえている、外さないポイントこそ、

本書で紹介する「**トップ営業の気くばり**」です。

はじめに　営業ほどラクな仕事はない

いきなり、生意気なことを言います。

営業ほどラクな仕事はない。

これが私の本心です。

そして、この本ではその真意に触れています。

白状をしますと、最初は「営業ほど地獄な仕事はない」と思っていました。

私は、求人広告の営業が最初のキャリアでした。

飛び込み訪問で新規開拓をする仕事です。

ノルマのプレッシャーに追われながら、どんな悪天候でも、どんなに苦しい状況であっても、お客様を訪問するわけです。

にもかかわらず、「忙しいので結構です」「今は用事がないので結構です」と、断られ続ける。

そして、思うわけです。

「地獄より地獄ではないか……内勤に異動したいな……」と。

これは営業をしている人なら、わかっていただけるのではないでしょうか。

ところが、**営業とは不思議なもので、あるタイミングから、急に売れ始めたのです。**

それまで新規獲得が月に1件だったのに、週に6件の契約に急に増え始めたり、お客様からのご紹介の連鎖が起こり、新規開拓の活動をせずとも新規獲得件数が、事業部でトップになったり、急に景色が変わり始めたりするわけです。

次第に、既存のお客様への提案が面白いように通りはじめ、**売上も会社で全国1位**になっていました。


では、なぜ、急に売れ始めたのか。

それは「**気くばり**」を意識したからにほかなりません。

それまでの私は、がんばって「商品を売る」のが営業だと思っていました。

営業における「気くばり」とは、お客様のちょっとした「お困り事」を想像し、先手を打った行動をとることを言います。


今までだと、「お世話になっております。ご様子をお伺いできれば……」と、タイミングキャッチを狙った営業をしていたのですが、それだけではそんなに売れません。

お困り事を想像するとなると、会話も変わります。

「お世話になっております。お忙しいところ、申し訳ございません。ちょっと気になりまして……」と、お客様のお困り事を想像してから連絡をするようになりました。


たった、これだけの違いでも、お客様の反応は変わります。

最初の方法だと、「今は、結構ですよ」と言われることが多いのですが、後者の方法だと、「わざわざ、ありがとうね」とおっしゃっていただくことが多くなります。

気くばりが〝営業のしんどい〟を解消する

でも、今、「営業がしんどい……」と思うことはないですか。

だとしたら、こう考えてください。

「しんどいのはプロセスにすぎない」と。


詳しくは第1章で紹介しますが、販売には次のような公式があるのです。

「行動量」×「技術」×「営業基盤」＝販売力

最初は、誰もが「技術、営業基盤」は不足しているもの。

なので、「行動量」で担保するほかないわけです。

ところが、次第に技術を習得するにつれ、より効率的な営業ができるようになります。さらにはお客様に恵まれ、たくさんのリピートや紹介をいただける「基盤」ができあがります。

そうなると、冒頭でもお伝えしたように「営業ほどラクな仕事はない」と思える状況になるわけです。

でも、全員がこの境地にたどり着くわけではありません。

しんどい人は、ずっとしんどいままです。

「塩梅」という言葉があります。

微妙なよい塩加減のこと。非常に繊細なものといってもいいでしょう。

「気くばり」は、まさにこの塩梅と同じです。

塩梅がわからない人が、いくら料理本を読んで勉強をしても、一流の料理人にはなれるものではないように、微妙な「気くばり」がわからないと、一流の営業にはなれません。

私は、企業研修講師として、各社で営業トレーニングを行っておりますが、ほとんどの営業は、「気くばり」に関しては不十分と感じることが多いです。
その理由の多くが、上司や先輩が、その方法を誰もがわかるように教えることができていないことが挙げられます。

営業の「気くばり」は職人技のような要素もあり、体系的に教えることが難しいのも事実。
だからこそ、この本では、私が研修で紹介するエッセンスを中心に、誰もが結果を出せるセオリーとして、具体的に何をすればよいのかを紹介していきます。

私は確信します。
もし、あなたが営業にしんどさを感じているなら、「営業ほど面白く、そしてラクな仕事はない」と思える世界が、あなたにも待っていると。

伊庭正康

営業としての「気がきく度」チェック

次の項目のうち、「**自分に当てはまる**」と思った内容にチェックを入れてください。

信頼される力

- □「何か情報があったらお知らせします」といった口約束は忘れることが多い
- □ 契約（納品）後は、お客様にあまり連絡をしない
- □ お客様に「連絡はまだですか？」と言われたことがある
- □ わからないことを聞かれて、つい知ったかぶりをしたことがある

→1つでも当てはまったら第2章へ

心をつかむ力

- □ お客様の表情が曇った時、それをスルーしてしまったことがある
- □ 先回りして動くのが苦手だ
- □ 商談の際、コートは隣のイスに置いている
- □ ドアを閉めた後もお辞儀をするのは意味がないと思う

→1つでも当てはまったら第3章へ

売れる力

- □ 商談中、お客様に本音を話してもらえないと感じる
- □ 提案を断られた時は、「説明だけでも」と話を聞いてもらおうとする
- □ 提案内容のよさについて、すべて話すようにしている
- □ クロージングが怖く、スムーズに言い出せない

→1つでも当てはまったら第4章へ

愛される力

- □ 連絡をする際、「嫌がられるのでは」と緊張する
- □ お客様を待つ間は、イスに座ってスマホを見ていることが多い
- □ 契約の意図がないとわかると、熱量が下がってしまう
- □ お客様との距離がなかなか縮まらない

→1つでも当てはまったら第5章へ

頼られる力

- □ 他社からいい商品が出たら自社は切られるのでは、と感じる
- □ 自社の商品・サービスなど、営業に関する話しかお客様としない
- □ ムリなお願いをされた時は、「難しいです」とすぐに断る
- □ 忙しさを理由に、連絡が遅れたことがある

→1つでも当てはまったら第6章へ

目次

はじめに……6
営業としての「気がきく度」チェック……12

第1章 まず知っておきたい営業の「原理原則」

1 まず「営業基盤」をつくる……22
2 お客様の言われた通りにやってはいけない……28
3 売上とは「信頼の総量」……36

第2章 スマートなふるまいで「信頼される」

4 あなたの「信頼残高」を高める王道 42
5 どうでもいいような「口約束」こそ守る 48
6 「熱量」の入れどころをズラす 53
7 待つのもつらいが、待たせるのは、もっとつらい 59
8 「すぐにやります」と言ってはいけない 64
9 お客様の「習慣」になる 69
10 タイミングを科学する 74
11 〝値引き〟を切り札にしない 79
12 「見た目」は大丈夫か？ 84
13 経験が浅くても頼もしく見える話し方 89

14 1秒も遅れてはいけない理由 94
15 スーパー正直であれ 99

第3章 絶妙な配慮で「心をつかむ」

16 お客様の〝心のセリフ〟を想像する 106
17 「どう思われるか」ではなく「どう思わせるか」 110
18 「気くばり」と「心くばり」の違い 115
19 「SBI」で三手先を想像する 120
20 営業がやりがちな「マナー違反」とは 125
21 メールは、何時までに送るべき？ 131

22 「ドアを閉めた後もお辞儀」の合理的な理由 136

第4章 行き届いた会話・提案で「売れる」

23 売れる商談には「王道のパターン」があった 142
24 **Step① ラポール** 初対面でも30秒でうちとける 147
25 **Step② ヒアリング** 契約率が3倍になる「ヒアリング」とは？ 152
26 **Step② ヒアリング** 「トップ営業」は○○を準備している 160
27 **Step③ プレゼン** 伝える時の鍵は、「何を言わないか」 166
28 **Step④ クロージング** クロージングをする恐怖を乗り越える 171
29 **Step④ クロージング** クロージングは、お客様へのサービスである 176

30 「契約に至らず……」こそ、実はチャンス 181
31 「上司」を〝営業ツール〟として使う 186

第5章 あなたから買いたいと言われて「愛される」

32 まず相手の「嬉しい」を妄想する 192
33 「**が気になりまして」と言っているか？ 197
34 1分であっても、待ち時間をムダにしない 203
35 究極の選択……数字か？　お客様か？ 208
36 断られてからが勝負 213
37 一瞬で、距離を縮める方法 219

38 営業は、ゲームである 224
39 「数字のため」では、営業は務まらない 230

第6章 替えがきかない営業として「頼られる」

40 簡単に「切られない」営業とは 238
41 最短で「信頼」をもらうシナリオ 243
42 「ワンストップサービス」を心がける 248
43 「ムリなお願い」をされた時の〝うまい切り返し〟 253
44 関係のレベルをグッと上げる 261
45 お客様の「参謀役」になる 266

46 「ソーシャルスタイル」を察知する 271
47 絶対に「忙しさ」のせいにしない 278
おわりに 283
参考文献 285

第1章

まず知っておきたい営業の「原理原則」

1

まず「営業基盤」をつくる

お客様から愛される営業になるために、覚えておいてほしいことがあります。

もし、あなたが「営業ってしんどいな……」と思う時が来たら、こう考えるようにしてください。

「**しんどいのは最初だけ（今だけ）**」、と。

私も最初の頃は、「なんてしんどい仕事だ……。内勤がいいな……」と思ったことが、幾度もありました。

でも、それを越えるとスーッとしんどさは和らぎます。

スキルが身につき、効率が上がるからです。

さらにその先に待っている世界があります。
「**営業ほどラクな仕事はない**」、これです。
もちろん、仕事を舐めているわけではありません。
「売る」ではなく、「売れてしまう」状況になるのです。

売れてしまう状況のつくり方

信じられないかもしれませんが、あるメカニズムを知ると、今のしんどさはそのプロセスでしかないと気付くことができます。
そのメカニズムが、これです。

販売力　＝　行動量　×　技術　×　営業基盤

私がこの「販売力」の方程式を知ったのは、営業を始めて3年目くらいの時でした。

『高額商品セールスマンのための驚異のセールス・アクション・プログラム』でその論を見たのがきっかけでした。

ちょっと難しそうですよね。

安心してください。めちゃくちゃ簡単です。

よく、営業は「行動量がすべて」といったことが言われますが、この本の趣旨はそうではありません。

大事なことは、その先。

「**売れる営業基盤**」**をつくることがゴールである**ことが記されていたのです。

こう考えるといいでしょう。

「営業基盤とは、契約をくださるお客様、または見込み客がたくさんいらっしゃる状態」のことだと。

例えば、お客様が3社だと、探客のために走り回らないといけませんよね。

でも、お客様が50社あり、見込み客が１００社あれば、契約が自然に入りやすくなります。


実際、こんな感じ。

今、私は研修会社を営んでいます。

最初は、営業活動をしましたが、今は探客をしていません。でも、講師としての闘値とも言われる年間２００回の研修がコンスタントに入ります。

実は、それ以上のお問い合わせをいただいていますが、受けられない……そうした状態が続いています。これこそが、営業基盤のパワーです。


話を戻しましょう。

かつて、求人広告の営業をしていた時、最初の2年はとにかく電話と訪問をしまくっていました。

「これでは身が持たないな……」と思っていた頃に、この法則を知ったのです。

そして、こう考えました。

今、一生懸命に訪問活動をしているのは、この先もずっとその状態が続くわけではなく、お客様から多くの契約をいただける「営業基盤」をつくるためである、と。

その基盤をより強く、より早くつくるために必要なのが、本書で紹介する「トップ営業の気くばり」です。

営業基盤とは、言い換えると「愛される状態」をつくることと考えて差し支えありません。

そして、それはちょっとだけ時間がかかるのです。

なので、もし「しんどいな……」と思う時が来たら、この先のことを考えてみてください。

「どんな営業基盤」をつくりたいのかを考えてみるのです。

もしイメージができないなら、あなたの会社のトップセールスは、どんな基盤を持っているのか関心を持つといいでしょう。

繰り返します。

しんどいのは最初だけ。愛されるまでの助走期間です。

2

お客様の言われた通りに やってはいけない

お客様から、「安いプランでいいよ」と言われることもあるでしょう。
あなたなら、その時どのように対応しますか。

やってはいけないのが「かしこまりました。もっとも安いのは……」と、求められた通りに提案することです。

営業は求められた通りにやってはいけない。

これは鉄則だと考えておいてください。

実は、求められた通りに対応すると、お客様にとって満足のいくものにならないことが多いからです。

では、どうすべきなのでしょう。

正しい対応は、「教えてもらう」、です。

「安いのでいいよ」と言われた際は、**〝その背景〟を教えてもらいましょう。**

安い薬を買いに来たのに、高い薬を買ってしまう⁉

ここで、クイズを出しますね。

これは、私が研修で行うデモンストレーションの1つです。

シーンはドラッグストアでの一コマ。

あなたは風邪をひき、薬を買いに行きます。

まずは、シーンA。

あなた「風邪薬ください。安いのでいいです」
店員「かしこまりました。こちらはいかがですか。480円で最安値です」
あなた「では、それで」

いかがですか。特に不満はないはずです。

でも、次のシーンBでは、あなたは不思議な体験をすることになります。

あなた「風邪薬ください。安いのでいいです」
店員「かしこまりました。ところで、いかがされたのですか？」
あなた「咳と鼻水が止まらなくて、困っています」
店員「そうでしたか。それはおつらいですね。少し伺っていいですか。
どんな感じですか？」
あなた「そうですね。咳き込んで、夜も寝られない状態が続いています」
店員「そうでしたか。日常の生活にも支障が出ているということでしょうか？」
あなた　「はい。睡眠不足のため、仕事中も頭がボーとするんですよね」
店員　「かしこまりました。では、お値段のことも考えつつ、しっかりと咳と鼻水を止めるということが大切ですね。3つのお薬をご案内できます」
（ここで3つの薬を示す。薬の名前：「グリーン」「オレンジ」「レッド」）

さて、ここであなたには、顧客の立場でリアルに考えてほしいのです。
では、続きを。

店員　「まず、このグリーンは、咳止めと鼻水を止める成分が標準の2倍入っています。即効性もあり夜もぐっすり眠れると思います。お値段は800円です。
次は、オレンジです。咳止めと鼻水を止める成分が標準の1・5倍入っています。効能はグリーンほどではないですが、こちらも、夜もぐっすりと眠れると思います。お値段は600円です。
次は、レッドです。咳止めと鼻水を止める成分が標準の1倍入っています。お値段は480円です」

ここで、店員が尋ねます。

店員「どれにされますか?」

さて、あなたはどれを選びますか?
きっと、グリーンかオレンジではないでしょうか。
実際、研修でもこのデモンストレーションを行うのですが、ほとんどの人がグリーンかオレンジを選びます。レッドを選ぶ人は５%程度しかいません。

さて、ここで考えてみましょう。

シーンＡとシーンＢを比較してみてください。

満足度の高かった店員さんは、どちらの店員さんでしたか。

もし、あなたがシーンＢの店員さんを選んだなら、不思議なことが起こっています。

安い薬を買いに来たのに、高い薬を買ってしまっているわけです。

なのに、満足度が高い……。

もう、わかりましたよね。

「**お客様の言われるままに、素早く対応すると満足度は上がらない。**

背景を伺い、きちんと解決できる方法を提示することが大事」

これが絶対の法則なのです。

ＡＩに「営業」はできない理由

最後に興味深いデータを紹介しますね。

セールスフォースリサーチ社が、全世界２９００名を対象に調査をした「セールス最新事情（２０１８）」では、**ＡＩを導入した営業組織ほど、営業担当者を増員している傾向がある**と言います。

なぜでしょうか。

ＡＩは学習によって、リストや顧客管理の精度を高めてくれますが、**購買意欲を高めるには「データには反映されない、感情の機微」を考慮した対話が有効**であるとわかったからです。

他にもあります。

エン・ジャパンの転職コンサルタント（160人）を対象に行った「ＡＩに代替される仕事、されない仕事」の調査。

こちらでも、**ＡＩに代替されにくい職種トップ3は「経営者」「経営企画」「営業系」**との回答を得ていることからも、すべての営業がなくなることがないことがわかるでしょう。

まず、お客様が言うままに対応してはいけない、ここを押さえておいてください。

3

売上とは「信頼の総量」

「自分の売上のために、お客様からお金をもらうのが申し訳ない」

そう思うことはないですか？

でも、「売上」の本質を考えると、それは間違っていることにすぐ気付きます。

なぜなら、売上とは「お客様からの信頼の総量」と言い換えられるからです。

お客様はバカではありません（失礼な表現をお許しください）。

そもそも、お客様が、信頼に適わない商品を購入し続けることがあるでしょうか。

きっと、あなたもそのはず。

美味しくないレストラン、着心地の悪い洋服、居心地の悪いホテル……、二度と買うことも行くこともしないはずです。

でも、きっと「あの店いいな」と思えばまた行きますよね。

それが、お店の売上につながっているわけです。

なので、もし、心のどこかで売上をいただくことが申し訳ないと思っているなら、**「売上とは、お客様の信頼である」**と考えるようにしてみてください。

それでも、こう思われるかもしれません。

「もっと安いプランもあるのに……。高い商品を売っていいのかな」と。

もちろん、安いほうがいいでしょう。

でも、安ければいいわけではありません。

売上とは「信頼の総量」である意味

私が、顧客として体験した事例を紹介しましょう。
以前、自動車を買った時のことです。
担当についてくれたのは、2年目の営業さん。
その方は、ことごとく安いプランを提示されるのです。
会話はこんな感じ。

私　「ドアミラーのオプション、かっこいいな……。いくらですか？」
営業「3万円です」
私　「そうか……迷うな。プロから見てどう思いますか？」
営業「……なくてもカッコイイですけどね……」
私　「では、やめておこう。ところで、このセンターモール、いくらですか？」

営業　「2万円です」
私　「贅沢かな……。実際、どうですかね？」
営業　「……なくてもカッコイイですけどね……」
私　「じゃあ、やめておこう」

すると、あたかも商用車のようなシンプルなフォルムになってしまったのです。
「ちゃんと提案してほしかったな……」、そう思ったものでした。

この話には、続きがあります。
なんと、その3か月後、その営業さんは退職したのです。
私の推測ですが、売ることに罪悪感を持っていたように思います。
でも、考えてみると、彼が特別なわけではありません。
私が講師を務める研修でも、同様の葛藤を打ち明けられるからです。

「高いプランを提案するのに抵抗がある……」

「売上を気にせずに、営業ができれば幸せだが……」


わかります。最初は、誰もがそう思うものです。

私もそうでした。

自分が顧客の立場だったら……と考えると、自然なことでしょう。

むしろ、売上のために「高い料金で提案し、決めてやるぞ！」と意気込むことのほうが危ういと思うのです。

そんな考えだと、いい関係が築けるはずがありませんから。


真摯な姿勢で営業する人にとっての売上は、「信頼の総量」です。

安さを武器にするのではなく、もっともいい解決策を提案することをポリシーにしてみてください。

売ることへの罪悪感を正しく消すことができます。

第2章

スマートなふるまいで「信頼される」

4 あなたの「信頼残高」を高める王道

「毎日、同じことの繰り返し……こんなことでいいのだろうか」

そう思うことはないでしょうか。

営業は、いわゆる決まったルーチン業務が多く、時として成長を感じにくくなるものです。

でも、こう考えられないでしょうか。

ルーチン業務の繰り返しは、あなたの「信頼残高」を増やすチャンスだと。

「信頼残高」とは、スティーブン・R・コヴィー氏の名著『7つの習慣』でも紹介されている考え方で、相手との信頼感の状況を銀行口座の残高に例えたものです。

私は、このことに気付いてから、**営業ほどラッキーな仕事はない**と考えるようになりました。

だって、会社から給料をもらって、いろいろなお客様と会い、〝お困りごと〟を解消する、それが仕事なわけですから。

見方を変えれば、**会社からお金をもらいながら、自分の「信頼残高」を増やす活動をしている**とも言えるわけです。

「信頼残高」の具体的な例を紹介しましょう。

「信頼残高」は、銀行の通帳のようには見えません。

なので、なかなか実感しにくいもの。

私は、勤めた会社を退職する際、その効果を実感しました。

お客様に退職する旨を伝える挨拶をした際、

「退職されるのですね。うちの会社に来ませんか？」

「研修会社で独立を……では、うちの研修をやってもらえませんか？」

と複数の会社からお声をかけていただいたからです。

これは予想外でした。声をかけていただいた方とは、そんな会話になったことは一度たりともなかったからです。


考えてみると、営業職は、引き抜きの多い職種の1つです。

私も幾度か、引き抜きの誘いをいただきました。

すべてお断りをしましたが、引き抜きを受けると、「仮に会社から放り出されても、会社がなくなっても、生きていける」、そんな安心感を得たものです。

「信頼残高」を増やす6つのポイント

さて、あなたはいかがですか。
もし、まだ誘いを受けていないようなら、まだまだできることはありそうです。
実際、このように声がかかる人もいれば、ずっと声がかからない人もいます。
これが「信頼残高」の差だと、私は考えています。

一生懸命に営業をするだけでは、「信頼残高」は増えません。

コヴィー氏は、「信頼残高」を増やすためにやるべきことは、次の６つだと啓発しています。

【信頼残高を増やす鍵】

・相手を理解する（相手を理解せずに、仕事を進めていないか？）
・小さな気遣いと礼儀を大切にする（気遣いと礼儀を適当に済ませていないか？）
・約束を守る（納期や時間、口にした約束を破っていないか？）
・期待を明確にする（お互いの期待のすり合わせをせずに進めていないか？）

・誠実さを示す（相手から見て、不誠実に思われる対応をしていないか？）
・心から謝罪する（言い訳から入っていないか？）

いかがでしょう。

少し、抽象的に思われたかもしれません。

でも、その抽象さこそが、あなた自身が「考える余地」なのです。

大事なことは、ただ営業ノルマの達成を追いかけるだけでなく、お客様のために、あなたなりにできることを色々と工夫し、行動に移し、それをやり続けることです。

お金には代えがたい資産を手に入れることができるでしょう。

お礼メールもひと工夫

お時間を頂戴し、心より感謝を申し上げます

＊＊様

お世話になっております。らしさラボの伊庭でございます。
お忙しい中、貴重なお時間を賜りまして、誠にありがとうございました。
心より、感謝を申し上げます。

お話を伺い、
仕事の本質は、「顧客満足の創造と型化」にあると強く気付かせていただいた次第でございます。

私で少しでもお役に立てることがございましたら同僚のごとく、お気軽にご相談、ご指示下されば、幸いでございます。

※最近は、こんな研修をさせていただいております。
https://www.rasisalab.com/service

本当にありがとうございました！
引き続き、よろしくお願い申し上げます。

※お忙しいと存じますゆえ、
ご返信は不要でございます！

■■■■■■■■■■■■■■■■■■■■

株式会社らしさラボ　伊庭　正康

勉強させていただいたことを感謝とともに伝える。

熱量を示し、真摯な気持ちを伝える。

返信は不要と記載。お客様はお忙しいと考え、気くばりを示す。

5

どうでもいいような「口約束」こそ守る

お客様との関係づくりに悩むことはないですか。
だとしたら、超オススメの行動を紹介しましょう。
それがこれ。
一見すると社交辞令のような「些細な口約束」を守るようにしてください。
たったそれだけで、お客様のあなたを見る目が変わります。

カラクリを解説しますね。
「また、いい情報があれば連絡するね」と言われた際、あなたは信じますか。
私は、悲しいですが「連絡はないだろうな……」と思うようにしています。

私の経験上、9割の人は履行しないからです。

例えば、こんな感じ。

顧客「アレってどこに売っているのかな……」
営業「知人に聞いておきましょうか」
顧客「いや、いいよ。君も忙しいだろうし」
営業「かしこまりました。では、またわかったら連絡しますね」

この場合、営業からの連絡はないのが普通。
時には忘れることもありますし、後回しになることもあります。
営業は、時間に追われながら、営業目標を追いかけているわけですから当然です。
だからこそ、ここでちゃんと1通のメールを送るわけです。

いい結果が得られなかった場合であってもです。

「知り合いに確認し、ネットでも探したのですが、情報がありませんでした。申し訳ございません」と。

間違いなく、こう思われるはずです。

「へー、ちゃんと覚えてくれていたんだ……」

■――「小さな口約束」を必ず守るには？

でも、こう思いませんでしたか。

そんなことをイチイチ覚えていられるかな……と。

大丈夫。誰もができる、とっておきの方法を紹介しましょう。

実に簡単。すべての口約束をスケジュールに書くだけで解決できます。

「佐藤様、連絡（＊＊の件）」だけでＯＫです。

たったこれだけ。後は粛々とこなすだけ。

つまり、記憶に頼らず、スケジュールに従うのが正解というわけです。

実際、私もこの方法をとっていますが、忘れっぽい私でも絶対に忘れません。

モチベーション研究の第一人者、コロンビア大学の社会心理学者ハイディ・グラント・ハルバーソン氏の著書でも具体的な行動に落とすことで実行する確率が300％になるとの研究が紹介されていますので、やらない手はないでしょう。

さらに言いますと、もっとズルい裏技もあります。

メールのタイマー設定（送信予約）を使う方法です。

「2月に入ったら連絡しますね」と伝えたタイミングで、メールの送信予約（2月に送信されるよう）を設定しておけば、何が起ころうとも、約束は履行できるというわけです。

「その節はありがとうございました。2月に連絡をすると申していた＊＊の件でございますが、お変わりはございませんでしょうか。また、ご不明な点等、ございましたらおっしゃってくださいませ。さて、もし、よろしければ3月に入ったあたりにお打合せの機会をいただけませんでしょうか」と。

結論です。小さな「些細な口約束」ほど、必ず履行してみてください。たったこれだけで、あなたの信用がグッと高まります。

些細な口約束をスケジュール化

私は、1週間のスケジュール帳なので、日付の横に書いています。
※社名はダミー

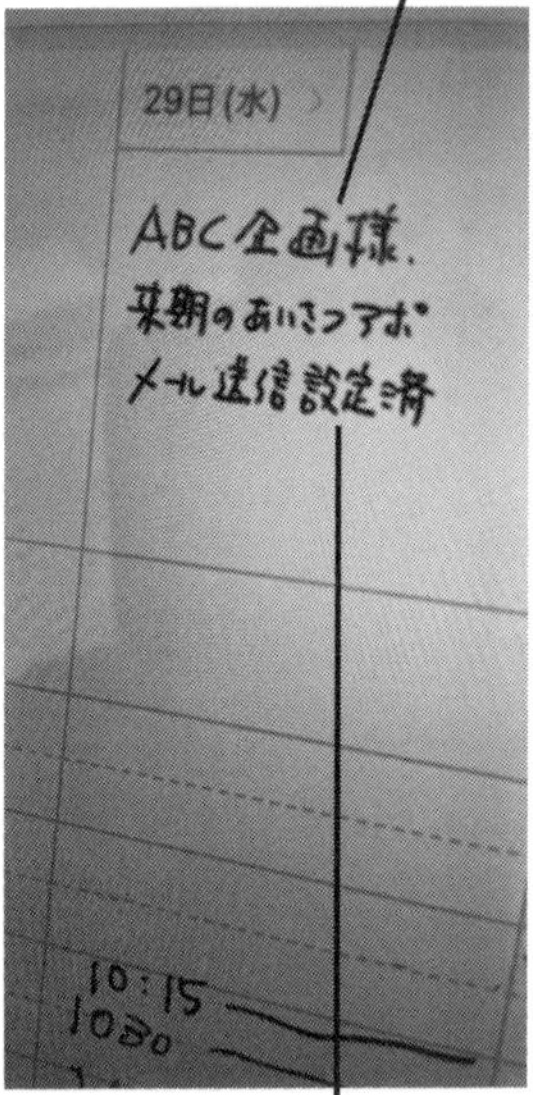

送信設定した場合、
送信日にも記載しておく。

6

「熱量」の入れどころをズラす

なかなか、「紹介ください」と言えない……。
その気持ち、わかります。
でも、もっと紹介をほしくないですか。

いい方法を紹介しましょう。これをすると、紹介をもらいやすくなります。
ほとんどの人がやっていない秘策です。

あなたの「熱量の入れどころ」を変えてみてください。
「アフターフォロー」に熱を入れてみるのです。

考えてみてください。

契約までは、他社には負けないようお客様に寄り添った提案をしたり、お役に立つ情報もお届けしたりする人は多いですよね。

お礼のメールに、抜かりない人も少なくないでしょう。

脈があると思えば、これでもかと思うほどに、小まめに努力します。

でも、お客様からすると、不思議なことが起こります。

契約までは、「お役に立てるよう、精一杯頑張ります」と言っていたのに、契約をし、商品を納品したとたん、なぜか「不便なことはないですか？」「ご不明な点はありませんか？」「お使いいただいて、ご満足をいただいていますか？」といった連絡がなくなるのです。

だから、お客様は思います。

「まあ、営業だしね。仕方ないよね……」と。

私は、冒頭でこう尋ねました。

もっと紹介をほしくないですか、と。

契約後こそ、お客様の立場で考える

私がやってきた、具体的な方法を紹介しましょう。

私は、21歳の学生時代に営業職に就き、あれから30年以上が経ちますが、従事した仕事でリピート率が9割を下回ったことはありません。

紹介で多くのお客様を紹介いただいてきました。

さらに言うなら、自分自身もそうですが、自分が管理職として担当した部門も、リピートとご紹介でお客様が増え続けるスパイラルをつくることで、売上を増やしてきました。

その方法がこれ。

納品後、「ここまで、やってくれるんだ……」と思っていただける、そんな〝感動の接点〟をつくるのです。

かつて私は求人メディアの営業に従事していましたが、ほとんどの営業は、掲載（納品）後の関心が低くなってしまうのが常でした。

新たな契約を求める中で、意図せずそうなってしまうのです。

でも、ここでお客様の立場に立ってみるとどうでしょう。

すると、掲載後には、色々な不安があることに気付けます。

「応募はあるけど、どのタイミングで面接の打診をすればよいのか？」

「どうすれば、面接のキャンセルを予防できるのか？」

「どんな面接をすれば、いい人材を見抜けるのか？」

だとしたら、やることはシンプル。

アフターフォローの熱量を上げる

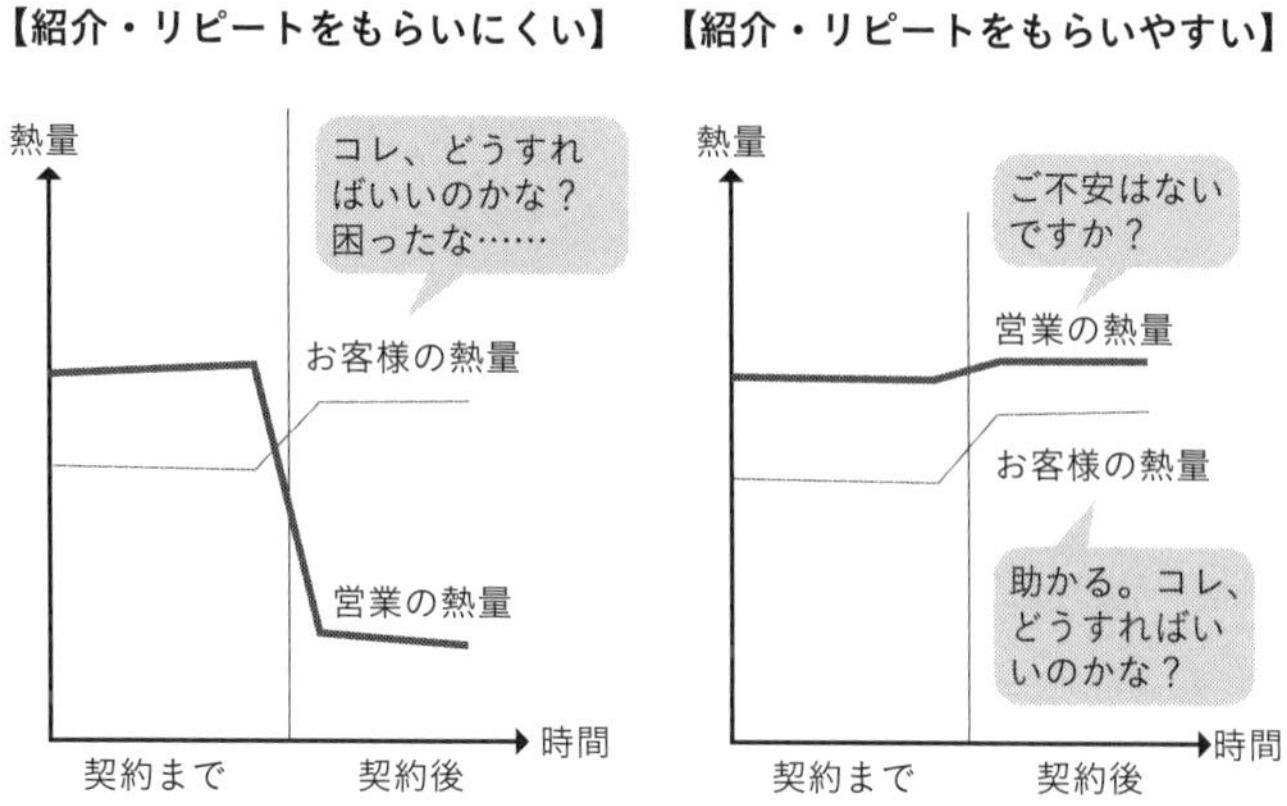

私がしたことは、「応募、選考のやり方」についての不安点を聞き、選考のセオリーをレクチャーさせていただくことでした。

加えて、応募が入ると思われるタイミングに、電話、もしくはメールを入れ、ご不安な点がないかをさらに伺う、そんな当たり前のことを漏れなくするだけです。

ぜひ、他社の営業より、アフターフォローに熱を入れてみてください。

新たな顧客開拓を行うより、リピートから契約をいただく方が１／５のコストで済むと言われます。

これはマーケティングでは有名な法則。顧客ロイヤルティの専門家フレデリック・F・ライクヘルド氏によって提唱されたもので、新規顧客は既存顧客に対して5倍の販売コストがかかるという法則です。

営業としては知っておいた方がよいセオリーでしょう。


そう考えると、走り回ったりDMを送りまくったりするより、1つひとつのフォローを丁寧にした方がよほど効率的というわけです。

丁寧なフォローこそがリピートにつながるだけでなく、紹介をいただけるポイントなのです。

7 待つのもつらいが、待たせるのは、もっとつらい

もし、あなたがライバル会社の営業に負けたくないのであれば、スキルを磨くのと同じくらいに、仕事のスピードにはこだわってみてください。

というのも、スピードは誠意でもあるからです。

「**待つのもつらいが、待たせるのは、もっとつらい**」

これは、私がお世話になっていた、飲食チェーンの社長がおっしゃっていた言葉です。

当時も今も、常にウェイティングができる、「超」人気の店です。

最初にこの言葉を聞いた時は、「うまいことおっしゃるな……」程度の理解でした。

でも、話を聞くほどに、その真意がわかりました。

お客様にとっての時間は、大変貴重なもの。

その時間を奪ってしまっている、そんな申し訳ない気持ちから生まれた言葉だったのです。


私は、考えるほどに自分の至らなさを痛感しました。

当時の私はそこまで考えたことはなく、「ちょっとくらい待っていただくのは仕方ないのでは……」、そう考えていたからです。

実際のところ、ちょっとくらい待っていただいたとて、クレームにはなりません。


でも、あなたのお客様もきっと、あなたに連絡をする際、ほとんどの場合は急ぎであり、少しでも早く解決したいと思っていらっしゃるのではないでしょうか。

だとしたら、あなたからの折り返しの電話があるまで、ずっと受話器の前で待っていらっしゃるかもしれません。

その間、他の用事をストップされているかもしれません。
そのことを想像すると、やはり「待たせるのは、もっとつらい」となるわけです。
これがスピードは誠意と考えるようになった理由です。

営業はスピードで誠意を見せる

とはいえ、安心してください。やることは極めて簡単。
無理をする必要はありません。
何でも急ぎでやると、後の仕事に支障が出ますから。
まずは、次のことをしてみてください。

・可能な限りでよいので、スキマ時間を使って何事も早く対処する。
・可能な限りでよいので、メールは、90分以内に返信する。
・すぐに返事できないことでも、「＊＊までお時間をいただいてもよろしいいでしょうか」と早目のレスを入れれば親切。
・お客様から携帯に電話がかかってきたら、その場では電話に出られずとも、その後に迅速に連絡をする。
または、その場で、ショートメール1行でもいいので、「すみません！ 10分後には電話ができるかと思います」と可能であれば入れる。

いかがでしょう。たったこれだけ。

でも、こう思われたかもしれません。
そんなことをしていたら、あわただしくてしかたがない、と。
私もそう思います。バタバタするのは嫌ですよね。
なので、ちょっとズルいこともお伝えしますね。

予定を組む際は、ギチギチにスケジュールを埋めないことです。

バッファを含めておきましょう。

バッファとは、「余裕」のことです。

アポイントを取る際は、内容によっては13時〜14時（60分）ではなく、13時〜13：40（40分）とする、15時から16時はあえて固定の予定を入れない、といったようにバッファをスケジュール化しておくのです。

このバッファがあるからこそ、バタつくことなく「お待たせしない対応」ができるというわけです。


もう1つ。

すぐに動かずとも、納期を明確にしてください。

今すぐでなくとも、「かしこまりました。明日の10時までには送らせていただきます。差し支えございませんでしょうか」と、すぐに返信すれば、急ぎの仕事ではなくなります。

うまく調整しながらもスピード感のある対応は、できる営業の条件です。

8

「すぐにやります」と言ってはいけない

先ほど、スピードにはこだわってみてくださいとお伝えしました。

しかし、**営業は「すぐにやります」とは言ってはいけません。**


このセリフ、つい言っていませんか。

お客様から嫌われるのは避けたい……そんな不安があれば、なおさらです。

しかし、この一見すると無難な答えが、結果としてお客様にストレスや不信感を生むことがあります。


まず、「すぐやります」とは言わないと決めてください。

先ほどもお伝えしたように、**重要なのは、納期を明確にすること。**

人によってペースは異なるため、納期が曖昧だと、ストレスが生じることが少なくないのです。


実際にあった事例を紹介します。

彼は、イベント会場の営業。

お客様から「予約は可能でしょうか?」との問い合わせが入りました。

その場ではわからなかったので「すぐに返事します」と伝えました。

彼はすぐさま予約を担当する部署に問い合わせのメールをして、その返事を待ちました。

その矢先、そのお客様から電話が入ったのです。

「まだですか?　そろそろ外出をしないといけないのですが……」と、催促を受けてしまったのです。

まだ、5分もたっていないのに、です。

これは、お客様がせっかちなのでしょうか？

そうではないですよね。

問題は、返事の期限を具体的に伝えなかったこと。


では、どうすればよかったのでしょうか。

いつ返事ができるかわからないこともあります。

この場合、「すぐ対応します。担当に確認をとりますので、ひょっとしたら10〜15分程度、お時間をいただくかもしれませんが、可能でしょうか？」と言えばよかっただけです。

納期は先延ばし、納品は前倒しに

ここで、ズルいテクニックを紹介しますね。

少し余裕を持った期限をお伝えするようにしてください。

その方が安全ですし、なにより感謝されるからです。

実は納期設定にはセオリーがあります。

「納期は『先』に延ばし、納品は納期より『前』倒す」、です。

「15分程度お時間を……」とお伝えしながらも、5分後に返答すればいかがでしょう。

お客様の期待より早くなるわけです。

これが、できるビジネスパーソンの王道です。


最後に1つ。

意外と多いのが、「明日中に返事します」と納期を明確にしながらも、その返事がないという事態です。

そうなると、「**すぐにやります**」**より、タチが悪くなります。**

でも、これ、ほんとによくあります。

心当たりのある人は、注意をしてください。

この執筆をしている今も、昨日連絡のあった営業さんから返事が来るはずだったのですが、ありませんでした。

だから、余計に気を付けないといけないと改めて感じています。

こうした営業さんは「もったいないな……」と思います。

もちろん、約束の期日までに返事ができないことも、当然あることでしょう。

返事ができなければ、約束した期日にこう伝えれば解決します。

「申し訳ございません。まだご返事ができる状況ではなく……」と。

これだけでも、きちんとしているな、と顧客は思うもの。

まず、納期を明確にしましょう。

そして、きちんと守る。これ鉄則です。

9 お客様の「習慣」になる

顧客の習慣に入り込むことができれば、それこそが最大の営業力となる。

この話をさせてください。


求人広告の営業をしていた時のこと。

そのお客様は、老舗の洋服店を営む社長さん。２週間に１度のペースで求人広告を掲載いただくお得意様でした。事務所は店舗の２階です。

その日も、いつものように水曜日の10時に階段を上っていき、ドアをノック。

おおかた、この時間に来る人は、伊庭くらいなのでしょう。

いつものようにドアの向こうから、「伊庭さんか？」と、社長の声が。

「はい、伊庭です。おはようございます」

「おはよう。どうぞ、入って」

「お邪魔します」

そして、いつものようにイスに座り、5分程度雑談。

「また、いつもの職種で、募集を出しておいて」

「ありがとうございます。原稿、どうしましょう」

「伊庭さんに任せるよ」

「かしこまりました。また、作成したら見ていただくようにしますね」

「じゃ、一応、見せてもらうね。任せるけど」

「ありがとうございます」


おそらく、いわゆるソリューション営業とは、ほど遠い営業スタイルに見えたかもしれません。

でも、**お客様が、長い付き合いをする上で本当に求めるのは、「この人なら任せら**

れる」という安心感ではないでしょうか。


どんなに忙しくても、「いつもと一緒」であり続け、「この人に任せれば、細かいことは言わずとも大丈夫」と思っていただく行動をする。

この姿勢が、お客様の「習慣」に入り込むことでもあり、それができてこそ、お客様から信頼をしてもらえると、何度も実感してきました。

「いつも同じ」は営業にとって強い武器になる

最初に私が、顧客の習慣になることを意識したのは、『メルセデス・ベンツに乗るということ』という本を読んだことがきっかけでした。

当時、メルセデス・ベンツは、新しいモデルに乗り換えても、メーターやパネル類の場所が同じでした。

何代にわたって乗り換えても、操作のストレスがなく、メルセデス・ベンツしか運転できないという状況をつくり、顧客を囲いこんでいるというのです。

同じであることが価値になる……目から鱗でした。

それまでの私は、一見すると地味にも見える、日々の訪問活動に一種のマンネリを感じていました。もっと、すごいソリューションをしないと、他の業者と差別化できない、そんな焦りも感じていました。

でも、お客様が望んでいることは、

「いつもと一緒であること」「すべてを言わずともわかってくれること」、

そんな基本的なことであると気付かされたのです。

確かに、考えてみるとそうです。

あなたの会社でも営業担当が変わる時、多くのお客様はストレスを感じませんか。

あれは、「習慣」が崩される不安があるからです。

なので、**もしあなたが、かつての私のように営業活動にマンネリを感じ、焦ること**

があれば、こう考えてみてはいかがでしょう。

「顧客の習慣に入る活動をしているのだ」と。

元P&GのCEO、アラン・ラフリー氏は、そのことを「顧客習慣」と言いました。

そして、彼はこう続けます。

「顧客は、差別化など求めていない。いつもと一緒であること、変わらないことが大事なのだ」

あなたの地味にも思える活動は、お客様にとってかけがえのない活動なのです。

「今日はちょっとラクをしようかな……」

「ちょっと手を抜いてもいいかな……」

「こんな単純なこと嫌だな……」

と自分に負けそうになった時、お客様の習慣を崩してはいけないな……と考えてみてください。意外とふんばれます。

10

タイミングを科学する

できる営業は、テレパシーでも使ったように、グッドタイミングで連絡することができます。

「ちょうど連絡しようと思っていたんだよね」とか、「困っていたんだよね、すごい偶然だね」など、なぜか、そう言われることが多いもの。

これは偶然でしょうか。

そうではありません。

お客様が〝そうなる状況〟になっていることを想定した上で、連絡をしているから

です。

私はこれを「タイミングを科学する」と呼んでいます。


人材派遣のトップ営業の事例を紹介します。

派遣先に派遣されたスタッフが急に「辞めたい」と言うことは少なくありません。

そうなると、派遣先に迷惑がかかります。

なので、いかに離職を予防するか、それも営業の重要な役目となるわけです。

そこで彼がやっているのが、まさに「タイミングの科学」。

「タイミング」を決めて、フォローを行うことで、離職を未然に防いでいるのです。


1回目の「タイミング」は、派遣開始の1週間後。

この時期は、「思っていた仕事と違う」「思っていた環境と違った」といった、ギャップに不満を持つ人が出始めると言います。

2回目は、派遣開始から1か月後。

「仕事についていけない不安」が出てくる時期です。

そして、3回目は、3か月後。

この頃になると、「人間関係の不満」が出始めると言います。


この3回の「タイミング」で、スタッフと面談を行い、そのタイミングで発生しやすい不満や不安に対して早期の対処をしているのです。

この取り組みによって、離職はかなり予防ができているそうです。


また、私も「タイミングの科学」を実践し、その効果を感じています。

求人メディアの営業をしていた時もそうでした。

実は、企業が中途採用をする際、周期性が見られます。

前年3月に募集した企業は、翌年も募集する確率が高く、8月に募集をしていた企業は、8月に募集する傾向があるのです。組織再編のタイミングと採用活動は相関しているからです。

おおむね採用するかどうかを検討するのは、その2か月前。

だとすれば、そのタイミングに必ず連絡をすればいいというわけです。

「ちょうど連絡しようと思っていた」と言われることが多かったのはこのためです。

タイミングを科学するための2パターン

あなたも、「ちょうど連絡しようと思っていたんだよね」とお客様から言われるように連絡を入れたくないですか。

だとしたら、まずは、「パターン」を見出すことです。

次の2つのシーンで考えるといいでしょう。

①お客様が購入されるタイミングのパターン
②購入後にトラブルが起こるタイミングのパターン

「派遣スタッフでは就業から1週間目に……」「求人は周期性が……」、これらはすべてパターンです。

履歴データから探る方法もありますし、なければお客様の立場になって想像するといいでしょう。

そうすることで、

「ちょうど連絡しようと思っていたんだよね」とか、

「困っていたんだよね、すごい偶然だね」などと、言われるようになることができるのです。

11

〝値引き〟を切り札にしない

「値引きをしてでも契約がほしい」

私もそう思っていた1人です。

でも、可能な限り、「**値引き**」**に逃げない**ことをオススメします。

その方が、お客様と健全なお付き合いができるからです。

ある会社の話をさせてください。

その会社では、長年の商習慣で、値引きが許されていました。

でも、ある時会社の方針が「値引きは一切禁止」にガラリと変わったのです。

今まで値引きをしていたお得意様であっても、値引きは禁止。

「会社ごとに値段が違うのは、決して公正ではない。われわれは価値に見合う営業を行い、公正な価格でお付き合いをすることこそが信頼につながる」

それが理由でした。

あなたはどう思いましたか。
一見すると、理想論のように思えませんか。
しかし、出た方針には社員は逆らえません。
半年間、粘り強く交渉しました。
承諾してくださったお客様もいれば、取引がなくなったお客様もいたそうです。

さて、あなたはこの顛末はどうなったと思いますか？
これには、私も驚きました。
ほとんどお客様は減らなかったそうです。
いったん取引がなくなったお客様も、結果的には取引をしてくださったと言います。

「値引き」ではなく「価値」を考える

ここからわかることは、**お客様が求めているのは値段だけではない**、ということです。

求めているのは「価値」です。

いい商品であるなら、安易に値引きをしなくても、取引はなくなりません。

この話を聞いて、こう思いませんでしたか。

それは多分、その会社が大手だからできるのだ、と。

恥を忍んで言いましょう。

私も、絶対に値引きをしない１人です。

でも、私の会社は、大手企業ではありません。

絵に描いたようなスモールカンパニーです。

「値引きをお願いできませんか？」とおっしゃる企業様もいらっしゃいます。

でも、すべて丁重にお断りしています（左図のメール文面のように）。

起業して13年が経ちましたが、ありがたいことに、値引きをせずともこれ以上の仕事を受けられない状況で、仕事は増え、今ではお待ちいただいているのが現状です。

なので、あなたが勤めている会社も、値引きに逃げる必要はないと思います。


でも、そう簡単ではないこともあるでしょう。

値引きをしてでも契約を取ろうという方針が出ているなら、頑なに拒否はできません。なので、できる範囲でいいです。

簡単に値引きをしない挑戦をしてみてください。

「その代わりに、これをします」「これができます」と言えるものを考えてください。

何に価値を感じてもらえるかを考えてみるのです。

これが信用につながる条件だと、私は確信しています。

安易に値引きをしない姿勢が信頼につながる

＊＊様

お世話になっております。らしさラボの伊庭でございます。
以下、失礼させていただきます。

・お値引きをいたしておらず、申し訳ございません。
　※公平なお取引を当社の方針とさせていただいており、
　　恐縮でございます。

・５時間での研修、可能でございます。

・内容について

課長様にフィットしたコンテンツを添付させていただきました。
ご査収の程、よろしくお願い申し上げます。
ご不明な点等、ございましたら、おっしゃってくださいませ。
よろしくお願い申し上げます。

・値引き依頼には、まず、
　会社の方針としてお受けできないことをお伝えし、公正なお取引をする姿勢を示す。

**・値引きで買って下さるお客様は、
他に安い業者が現れたら負ける。**

**・価値で買って下さるお客様は、
他の業者には簡単に負けない。**

12

「見た目」は大丈夫か？

「ビューティー・プレミアム」という言葉を聞いたことがありますか？

見た目のよし悪しで生涯年収が変わる、といった研究です。

残酷ですが、営業においては、見た目は大事と言わざるを得ません。


実際にあった2人の例を紹介しましょう。

1人目は、自分の見た目を意識せず失敗した例。

「伊庭君、申し訳ないんだけど、あなたの後任の営業さんを代えてほしいんだけど、可能かな……」と連絡を受けたことがありました。

理由を尋ねると、こういうことでした。

「ずっと前歯の差し歯は抜けたままだし、スーツはしわしわだし……。ウチはサービス業なので、雰囲気を大事にしているんだよね……」

一言で言うと、「みすぼらしいので、担当を代えてほしい」というリクエストでした。

では、もう１つの例。次は成功例です。

その会社は大手人材サービスの会社で、その事業部には数百人の営業が在籍していました。

大所帯にあって、２年連続でＮｏ．１に輝いた、誰もが知る若手のトップ営業の女性がいらっしゃいました。

私はその方を取材する機会に恵まれたのです。

もちろん、スキルや知識も素晴らしかったのですが、**感銘を受けたのは、「見た目」を重視されていることでした。**

「お客様は40代、50代の方が多いので、名刺入れも手帳も、黒か茶、ベージュのよう

な落ち着いた色にしています。本当に好きな色は、パステルカラーなのですが……」と。さらには、

「私は幼く見えるので、少しでも信頼していただけるよう、髪型やお化粧で落ち着いた雰囲気にし、服装もベージュやグレー系を中心にしています」

確かに、どこかの秘書のようにも見えるその印象は、彼女の**戦略的な発想による「見た目」**だったというわけです。

これは、**「印象管理」と言われるもので、相手にどんな印象を与えたいのかを考え、そこから逆算をして、身なりを整える方法です。**

ビューティー・プレミアムを実現する第一歩となります。

少しの意識が印象を変え、相手の対応を大きく変える

「印象管理」は、そんなに難しくはありません。ちょっと意識するだけでOKです。

私が、営業職時代から今なお継続している方法を紹介しましょう。

与えたい印象は、「親しみやすく、清潔感があり、信用できる印象で、記憶に残る」という印象です（目指すのは自由ですから）。

ゆえに、次のようなことを実践しています。

親しみやすく……必ず笑顔で話す。
清潔感があり……毎日スーツにアイロンをあて、靴を拭く（汚れ、傷を除去）。
信用できる……前髪を上げ、オデコを出す。
記憶に残る……可能な限り、ネクタイは先方のコーポレートカラーが一部分でも入っているネクタイにする。

もちろん、自己満足な部分もあるかと思います。

でも、それでもいいと思います。

高価なファッションである必要もありません。

営業は、「どのような印象を与えるか」から逆算で身なりを考える、まずココを押さえておいてください。

こんなちょっとしたことで、相手の対応が変わるもの。

どんな印象を与えたいのかを考えてみてはいかがでしょう。

逆算で身なりを考える

お客様のコーポレートカラーを意識したネクタイ。気付く方は気付かれる。

靴みがきを常備。
1～2分で磨ける。

靴紐の先端のプラスチックが取れたら、熱収縮のチューブで補修。靴は大事。

13 経験が浅くても頼もしく見える話し方

経験が浅いと、どうしても萎縮してしまうもの。
私も最初はそうでした。いつもドキドキしていました。
でも、自信がなくても、自信があるようにふるまってください。
その方が、お客様にとっても嬉しいからです。

こんな研究があります。
自信があるように見えるAさんと、そうではない中庸なBさん。
でも、持っている知識に差はありません。
さて、人は株価のアドバイスをしてもらうなら、どちらを選ぶか、という実験。

もう答えはわかりましたよね。

結果は、ほとんどの人がAさんを選びます。


だからといって、知ったかぶりをする必要はありません。してしまうと、後で必ず信用を失うことになります。

わからない時は、次のようにしてみてください。

「全体の把握はしているものの、細かなことは勉強不足」の姿勢をとるのです。

自信がない時はあえて堂々と切り返す

専門職の人材を派遣される派遣会社で伺った例は参考になります。

専門職は、専門用語が細かく、キャッチアップが難しいもの。

だからといって、「わかりません」とは、なかなか言えません。

お客様　「うちは３Ｄ－ＣＡＤで設計する仕事なので、まずはＣＡＴＩＡ（キャティア）を実務で使えるレベルが必要なんですよね。ＣＡＴＩＡを使える人って採用できます？」

営業　「（え……３Ｄ－ＣＡＤはわかるけど、ＣＡＴＩＡがよくわからないな……。会話の流れ上、ＣＡＤのアプリケーションであることはわかるけどな……）まだ、新人でして、よくわかっておらず……」

このように正直に答えてしまうと、お客様は不安でしかないでしょう。
転職してきたばかりの彼は、このように答えていました。

営業　「教えていただき、ありがとうございます。かしこまりました。３Ｄ－ＣＡＤのお仕事でいらっしゃるのですね。勉強不足で、恐縮でございます。お恥ずかしながら、ＣＡＴＩＡのことを十分に理解できておらず、

ＣＡＴＩＡでないとダメな理由等があるのでしょうか。ズレた質問をしていたら申し訳ございません。詳しく事情を伺ってもよろしいでしょうか？」


まさに、この対応です。堂々としていませんか。

もし、自信がない時は、あえて堂々と切り返してください。

これが「全体はおおむね把握しているものの、詳細がわからない」の姿勢です。


イメージとしては、新人のお医者さんと一緒。

「これは、大丈夫な病気ですか？」

「すみません……、新人でよくわかっておらず……」

こんな対応をされたら、もう二度と行かないのではないでしょうか。


おそらく、堂々としている医師はこう回答されるでしょう。

「お話を伺うとおそらく問題ないかと思われますが、検査をしてみないと断定はできませんので、その流れでよろしいですか」と。

繰り返しになりますが、**よくわからない時は、「全体はおおむね把握しているものの、詳細がわからない」の姿勢で、切り返しましょう。**

大事なことなのでもう一度。

絶対に、知ったかぶりはしないこと。

「あれ、本当はわかっていないな……」と思われたら、信用を失います。

14 1秒も遅れてはいけない理由

あなたは、どれほど「時間に遅れない」ことを意識していますか？

信用を失いたくないなら、まず「1秒たりとも遅れてはなるものか」という気概だけは持ってみてください。

力強く申したのには、ワケがあります。

新人時代、キツく叱られ、目が覚めた経験があるからです。

この失敗談を、あなたはどう思いますか。ちょっと考えてみてください。

その日は、19時から会社の忘年会が入っていました。

しかし、お客様対応に追われてしまい、とても間に合いそうにありませんでした。とりあえず、上司に報告せねば……と思い、

「すみません！　少し遅れてしまいそうです。すぐ駆けつけます」

と伝えたところ、思わぬ返答が返ってきました。

「そうか……。遅れるなら、来なくていいよ」

当時の私は、これくらいは許されると思っていましたが、そんなに甘くはありませんでした。

「伊庭はお客様との約束も、そんな感じで遅れるの？」

「いえ、さすがにそれはありません」

「だとしたら、人の時間を軽く考えていないか？　伊庭より忙しい先輩達は、時間のやりくりをして、遅れずに参加しているわけだよね。誰1人、遅れていないよ。そんなところに、先輩より仕事が少ない伊庭が当たり前のように遅れて入ってくることってどうかな……と思うんだよ」

「すみません」

「〝お金の約束を破る〟、〝時間の約束を破る〟、この2つをすれば、人が去っていくんだよ。それは、その人にとってとても貴重だから。それを伊庭がイージーに考えていることが、残念でならない」

「時間」を守れない営業は絶対に売れない

その後、決心したことがあります。

「約束の時間に遅れないようにする」、という当たり前のことです。

たとえ、電車が遅延したとしても、道路が渋滞していたとしても、間に合うように、余裕を持って行動をするようになりました。

たいしたことはしていません。

「たぶん間に合うだろう」と思わず、「ひょっとしたら、間に合わないかもしれない」

と考えるようになっただけです。

電車が遅れたら……
渋滞していたら……
迷子になったら……
エレベーターが行列だったら……
オンラインでは、通信が不安定になるかも……

そう考えるようになると、余裕を持って行動するようになります。
その結果、私の記憶では、それ以来、約束に遅れたことはありません。

卓越した生命保険・金融プロフェッショナル称号であるＭＤＲＴ（Million Dollar Round Table）の終身会員でいらっしゃる一戸敏氏が、示唆に富む言葉をおっしゃっています。

「いくらトークがうまくても、商品知識があっても、『大切な3つを守れない営業マン』は10年営業マンをやっても売れません。その3つとは、『時間』『約束』『期限』です」

まさに、同意です。

もちろん不可抗力はあるでしょう。

でも、余裕を持って行動するくらいなら、今からでもできるはず。

まずは、余裕を持つ習慣を心がけてみてはいかがでしょうか。

15

スーパー正直であれ

契約額は大きければ大きいほど嬉しいですよね。
でも、必要以上に大きな契約額を取ろうとすると失敗します。
というのも、長いお付き合いができなくなるからです。
もちろん「最低価格から案内しましょう」ということではありません。
適正な提案をしましょう、ということです。
言い換えると、「スーパー正直であるべき」と言ってもいいでしょう。
２０１５年、ある生命保険の営業手法が社会問題になりました。

その内容は、明らかに適正さを欠くものでした。

「勧められたのは、毎月の支払い額が4万円の生命保険。

支払う総額が640万円なのに対し、死亡時の受け取りは、500万円。

しかも、その支払いは90歳になるまで続く……」


明らかに問題のある契約で、不正行為のレベルです。

普通は、こんな提案をしてはいけないことは誰もがわかります。


でも、これは他人事なのでしょうか。

営業は、悪魔のささやきに負けてしまいそうになることがあるもの。

数字のプレッシャーに追われ、あきらかに適正さを欠いた過大な提案をしたくなる瞬間は誰にでもあるのではないでしょうか。


白状しますと、ここまで悪質なものではありませんでしたが、私もありました。

新人の頃、「本当にこの提案でよかったのかな……」と反省する提案が……。

今も思い出すたびに、胸が痛くなります。

二度と過剰な提案をしないと決め、あれから年月が経ちました。

むろん一度たりとも、過剰な提案をしていません。

（威張れることではありませんが……）

適正でない提案は、どんなに高い契約でも絶対にしない

話を続けましょう。

生命保険の営業を受けた際、こんなことがありました。

その方は、新人の女性でした。数字のプレッシャーがあったのでしょう。

「もう１つ契約をしてもらえませんか？　すぐに解約をして下さったら大丈夫ですので……」と。

その気持ちは、痛いほどわかりました。でも、こうお伝えしました。

「気持ちはわかりますが、それはやってはいけないことですよ」と。

その2年後、ご縁があり、保険の契約先を変えました。
やはりトップ営業の方は違いました。
実際にした会話はこんな感じ。

私「妻がガン保険に入っておいた方がよいのでは、と言っておりまして追加しておいたほうがいいのでしょうかね？」
営業「いえ、不要だと思います。今の保険でも、ある程度は賄えますし、公的な補償もつきますし、これ以上はなくて問題ないと思いますよ。詳細を説明いたしますと……」

ちなみに、この方は、世界の上位5％の保険営業しか入ることのできないMDRT入りをされている、本物のトップ営業の方です。

長いお付き合いをするには、やはり適正な提案をしてくれることが絶対の条件。

たとえ、その瞬間は高い契約を取れたとしても、適正でないとわかれば、お客様は「この人、どうかな……」と疑心暗鬼になるもの。

とても長い付き合いはできないでしょう。

もし、あなたが、数字が足りない状況に追い詰められたとしても、心を鬼にして、「スーパー正直」を心がけるようにしてみてください。

その方が、長いお付き合いができますし、何よりもあなたの営業としてのプライドを担保できます。

第3章

絶妙な配慮で「心をつかむ」

16

お客様の〝心のセリフ〟を想像する

第1章でも紹介したように、営業の世界では「**お客様の言葉を額面通りに受け取らない**」、これが鉄則です。

お客様の「発した声」が本音ではないことは多いですよね。

実際、おっしゃったことを額面通りに受け取りその通りにしたところ、お客様が不満を感じる、なんてことはよくあること。

でも、これって、難しそうに思いますよね。

ある簡単な方法を紹介しましょう。

お客様の〝モコモコの吹き出し〟を想像してみてください。

マンガの吹き出しで、登場人物が心で何かを思っている時、モコモコした吹き出しに「クソー」「マズい……」など、心のセリフが書かれていませんか。

あのセリフを想像するのです。

例えば、登場人物がセリフでは、「任せてください」と言っていても、モコモコ吹き出しでは「できるかな……」といった心境が描かれていることも多いでしょう。

それがモコモコ。営業はそれを想像しながら会話をするのです。

お客様の本音を引き出す3つの切り口

さて、ここからが具体策です。

お客様のモコモコを想像する便利な切り口を知っておくといいでしょう。

「3つの不」を想像してみてください。

「**どんな不安**」を感じていらっしゃるのかな……
「**どんな不便**」を感じていらっしゃるのかな……
「**どんな不満**」を感じていらっしゃるのかな……

この「3つの不」を想像してみるのです。

私が求人広告の営業をしていた時、広告の依頼を受けた際のエピソードを紹介します。

契約書をいただく際、お客様が私にこう言いました。
「応募があればいいいけどね……」と。
その言葉を額面通りに受け取った私は、こう返してしまったのです。
「確かなことは言えませんが、いい人が採用できることを祈っております」と。

その瞬間、ほんの一瞬でしたが、お客様の表情が曇りました。

よくよく考えると、初めて求人広告を使うともおっしゃっていました。

他人事のように「お祈りしています」といった言葉に、「え……祈りますはないでしょ」という、モコモコが見えた気がしました。

すぐに「採用できるよう精一杯サポートさせていただきます。応募を受ける際、面接の際のご不安はないですか？」と言い直しました。

もちろん、お客様の心を完璧に言い当てることはできません。

ただ、想像だけはしてみてください。

間違えていても構いません。

私の経験からも、お客様1人ひとりの感じていることを察知し、それに対応することが、より信頼され、成功する営業になる近道だと確信しています。

吹き出しを想像しながら会話をする

17

「どう思われるか」ではなく「どう思わせるか」

先ほど、モコモコの吹き出しを想像しましょう、と言いました。

さらに上を目指すのであれば、このモコモコに何を入れるか、そこまでを想像するといいでしょう。

つまり、「どう思われるか」ではなく、「どう思わせるか」を考えるのです。

私のオススメは、このモコモコの中に「え、いいの？」と入れること。

この発想は、トップセールスが無自覚にやっている気くばりのテクニックといってもいいでしょう。

営業　「もし、よろしければ、＊＊をいたしましょうか？」
お客様　「（え、いいの？）ありがとうございます。助かります」

この流れです。

アメリカに世界一のセールスと言われる伝説の人がいます。
アメリカの自動車販売の営業に従事するアリ・レダ氏です。
月に10～20台を売れば十分と言われる中、彼はコンスタントに月に１００台以上を売り続けるというまさに驚愕の結果を出し、なんとそれまでの販売台数のギネス記録も抜き、世界一の営業となりました。
そんなアリ・レダ氏は、週50時間しか仕事をしていないというのですから、その効率のよさに驚きます。

彼の営業ポリシーの1つに「顧客のためなら何でもする」といったものがあります。

お客様が屋根の修理に困っているのであれば、「知り合いの業者を紹介しましょうか？」と紹介するそうです。

まさに「え、いいの？」がお客様のモコモコに入った瞬間だと思いませんか。

難しいことでなくてもいいのです。

できる範囲で、できることをしてあげればＯＫ。

もっとも簡単なのは、あなたの営業活動の範疇でもよいので、「え、いいの？」を考えることです。

私が求人広告の営業をしていた時は、管理職の方々に「新人の受け入れ方をレクチャーしましょうか？」と申し出たこともありましたし、「選考の進め方」を資料にまとめてお渡ししたこともありました。

こんな簡単なことながら、他社の営業はしていませんでしたので、「え、いいの？」を意外と簡単に思ってもらえていました。

簡単なのにほとんどの営業はしていない

「なんだ、そんなことくらいなら誰でもできる……」

そう思いませんでしたか。

だから、あえて書きました。

スキルは不要。やることは簡単。やったもん勝ち。

ちょっとした親切をするだけ。

たった1回で絶大な効果が得られる、「超」効率的な手法といってもいいでしょう。

でも、ほとんどの営業はしていないのが現状です。

実際、私のお付き合いのある営業の方で、これができている人はごく一部です。

しかし、中にはこんな人もいます。

「伊庭さん、研修会社をされているのですよね。

社長に伊庭さんを紹介してもいいですか?

私が伊庭さんの研修を受けてみたいので、アプローチしてみたいのです」、と。


まさに「え、いいの?」です。

このようにおっしゃっていただけるだけでも、大好きになってしまいます。


簡単なことでOK。

「よろしければ、**しましょうか?」「え、いいの?」

この会話を狙ってみてください。どんなことでもOKです。

たったそれだけで、関係性が変わります。

18

「気くばり」と「心くばり」の違い

ここで、気くばりと心くばりについての違いを確認しておきませんか。
きっと、より素敵な行動ができるようになるでしょう。

まず、「気くばり」。
「気くばり」とは、相手より先に気付いて、気遣って差し上げることを指します。
言い換えると「ちょっとした思いやり」です。

イメージとしては、「ありがたい」とお客様から感謝される感じ。
「月末はお忙しいと存じますので、中旬あたりのほうがよろしいでしょうか？」

と尋ねるのも気くばりの範疇。

お客様先を訪問する際に、何かお土産があったほうがいいな……と、お役に立つ資料を持参するのも気くばりの範疇です。

まず、営業は「気くばり」のある行動を日常から心掛けておくといいでしょう。

間違いなく、あなたの好感度は高まります。


次は、「心くばり」。

これは、**気くばりよりももう一歩進んで、「（わざわざ）必要なことをして差し上げる」こと。**言い換えると「サポート」や「手伝い」です。


イメージとしては、前項でも紹介した「え、いいの？」を狙う行動のように、「いや、そこまでしてもらうと申し訳ないし……」とお客様が恐縮される、そんな感じです。

「月末はお忙しいと存じますので、こちらで稟議に使用される資料を準備しておきましょうか？」は、心くばりの範疇。

「製品を納入する際、お使いになる現場の皆様に、使用にむけての勉強会をいたしましょうか？」と申し出るのも心くばりの範疇です。

営業がするべき「気くばり」「心くばり」

では、営業としては、どうするべきなのか。
常に「気くばり」を考え、必要に応じ、「心くばり」を見せる、これがセオリーです。
普段からできる「気くばり」とは、こんな感じ。

・言われる前に、「先に調べておきました」と言えるようにしておく
・お客様が稟議を上げやすくするため、予めデータを添えておく
・封書のやり取りで、記載する箇所の多い契約書には、捺印をしていただく場所にわかりやすく付箋を貼っておく

・その際に、切手を貼った「返信用の封筒」も封入しておく
・さらには、その返信用の封筒に宛先の名前（あなたの名前）を書いておく

そんなちょっとした「思いやり」のある行動を考えるといいでしょう。
それだけでも、お客様からの好感度は高まります。

一方で、ココ一番にする「心くばり」は、こんな感じ。

・絶対に契約を落とさせない際、お客様にとって稟議に上げやすい資料を作成するのではなく、**「直接、私が（お客様の）上長の皆様に説明をさせていただきましょうか？」**と申し出る
・他社との違いを見せたい時に、製品を納品するだけではなく**「納品後、各拠点に伺い、ご使用状況や課題を確認した上で、レポートいたしましょうか？」**と提案する

「わざわざ」それをすることで、「え、いいの？」「申し訳ないね」と言ってもらえるような行動を考えてみるのです。

ただし、時間を犠牲にしますので、リターンが見込める「狙い」がないとやるべきではないでしょう。


この「気くばり」と「心くばり」を意識することで、あなた自身の行動に磨きがかかることは間違いありません。


例えば、お客様に封書を郵送する際、「気くばりはできているかな？」とセルフチェックをすることになるはず。

返信用封筒を入れておこうか……など、いろいろと考えるようになるでしょう。

また、ココ一番の際は、「こちらが手伝えることはないかな」と、一歩進んだアクションを考えられるようにもなるはずです。

19

「SBI」で三手先を想像する

気くばりが苦手、という人は多いもの。
わかります。実は、私もそうでした。
自然と気くばりができる人を見ると、スゴイな……と羨ましく思ったものです。
でも、あきらめることはありません。
気くばりはスキル。
つまり、鍛えることは十分にできます。
最初にやることは「目配り」です。
例えば、営業先でお客様をお待ちしている間、あなたはどこを見ていますか？

もちろん、スマホを見ているようではいけません。

話のネタを探すように、次の３つの観点でまわりの観察をしてみてください。

「S：Situation（状況）」

「B：Behavior（行動）」

「I：Impact（影響）」

この観点は、ＳＢＩ情報とも言われる、観察力を高める３つの観点です。

元々はリーダーがメンバーに対する観察力を高めるためのメソッドなのですが、私は営業こそこのＳＢＩの観点でお客様を観察する必要があると考えています。

例えば、商談場所が、先方の事務所としましょう。

「いつもより忙しそうだな……」と思うことはありませんか。

でも、これだけでは不十分。「状況」の観点しか見ていません。

「行動」の観点で観察をしてみてください。すると、

「部下と上司がフランクに会話しているな……」

と気付けるかもしれません。


さらに「影響」の観点でも観察します。想像といってもいいでしょう。

「だから、社風がいいのだろうな……」など、想像します。

いかがでしょう。

会話の内容が変わってくるように思いませんか。

お客様「お待たせしました」
営業「とんでもございません。お忙しい時に、ありがとうございます。皆様、とてもフランクに会話されているのですね」
お客様「え、そうですか?」

営業　「だから、雰囲気がいつも素敵なのでしょうね」

気の利いた会話になりました。
まずは、ＳＢＩ情報で観察をし、話のネタ（褒めどころ）を探してみてください。

先を読んで、どんな行動を取るか考える

気くばり力を高める、もう１つのコツを紹介しますね。
「三手先を想像する」、です。
例えば、商談の際にお茶を出してもらうことはないですか。
その時も、三手先で考えます。

「この後、誰が片づけるのかな？　目の前の担当者なのだろうな……」（一手先）
「片づける際、テーブルのしずくも拭かれるのだろうな……」（二手先）

「その後、きっとお湯呑みをパントリーに運ばれるのだろうな……」（三手先）

そして、次が肝心。

どんな行動をとると「気の利いた人」になれるのかを考えます。

私の場合は、こう考えるようになりました。

さりげなくテーブルのしずくを拭き、お湯呑みを運びやすいよう、テーブルの隅（出口に近い場所）に移動させておくべきだ、と。

お客様は「そのままで結構ですよ」とはおっしゃいますが、高評価につながる気の利いた行動であることは間違いないでしょう。

いかがですか。

「気くばり」は、いくらでも鍛えられます。

ぜひ、「SBIの切り口で観察し、三手先を読む」、を心掛けてみてください。

確実にあなたの気くばりは、あなたの「強み」になることでしょう。

20 営業がやりがちな「マナー違反」とは

基本的なマナーを守ることは、営業として「失点」をしないための条件です。

ところが、意外とマナー違反をしている人は多いのが現状です。

ここでは、〝やりがちなマナー違反〟をいくつか紹介しますね。

例えば、コート。

商談の際、隣のイスに畳んで置いていませんか。

これは完全なマナー違反です。

コートはレインコートと同じ扱いで、〝汚れたもの〟の扱いだからです。

いったんは、自分の鞄の上にコートを畳んで置きます。

お客様から「おかけしますよ」とお声がけをいただいたら、甘えても構いません。

そして、その鞄を置く場所にもケアが必要です。

間違えても隣のイスに置いてはいけません。

これも、コートと同様に〝汚れたもの〟の扱いだからです。

事務所に伺って商談をする際は、床に置きます。

ご自宅に訪問する際は、ハンカチを下に敷くといいでしょう。

出張で営業に行く際は、キャリーケースをゴロゴロ転がしながら営業に行くことはないでしょうか。

先方のオフィスに入ったタイミングで、ゴロゴロと転がすのはやめた方が無難です。

私は、先方の屋内に入ったタイミングでキャリーケースを持ち上げて運ぶようにしています。キャスター（車輪）は汚れているものだからです。

お客様から何度か言われたことがあります。

「ぜひ、転がしてください。でも、やはりプロですね」と。

話を伺うと、ご自身もそうしているというお客様も多いもの。

マナーの本には載っていないプロ営業の〝見せ方〟です。


そして大切なのは靴。


靴を磨いておくのは営業の「鉄の掟」といってもいいでしょう。

「足元を見られる」という言葉がありますが、営業では「靴」を見られる意味で用いられることもあります。これには2つの意味があります。

1つは、靴の手入れができていない人は、いくら着飾っても、いくらいいことを言っても、人格としてはいい加減に見えてしまうという意味。

見えないところ、つまり足元が信用のバロメーターになるのです。

もう1つは、汚れた靴で、先方の敷地に入ることへの無神経さを戒める意味です。

汚れや剥げ、踵のすり減りはないようにしておきましょう。

ネイルにも気を付けた方がいいでしょう。


私が講師として営業研修に登壇した際、このようなシーンがありました。

後ろから様子を見ていた営業部の責任者が、休憩に入ったとたん、ある受講者に声をかけられたのです。

「そのネイルで、銀行のお客様や、規律の厳しいメーカーや小売業のお客様に伺うと心象としてよくないと感じるけど、どう思う？」と。

確かに、ちょっと派手なネイルでした。

自分の趣味ではなく、先方に合わせるのが営業では肝心です。

「ルール」と「マナー」の違いとは

「あー、難しい！」と不安になりませんでしたか。

でも、ルールとマナーの違いを押さえておくと、実はシンプルです。

ルールは、絶対に守らないといけないことですよね。

例えば、時間を守る、報連相を迅速に行う、など守らないと叱責されるもの。


マナーは違います。

マナーは、「お互いが気持ちよくいるための気遣い」です。

叱責をされることはありません。


こう考えてください。

ぶっちゃけ、多少は間違えていても構いません。

臨機応変に、「この場面で、気遣うことはないか？」と常に考え、自分なりに行動をすればいったんはＯＫ。

マナーの捉え方は人によって違いますよね。

だからこそ自分なりに相手軸で考えるのが大事というわけです。
大事なことは、相手軸で常に考えることです。

21 メールは、何時までに送るべき？

あなたは、夜何時までなら、メールを送ってもよいと思いますか。
まず、夜や休日にビジネスメールを送ることは避けた方が無難です。
基本は、相手の就業時間に送ること。
これが今の常識です。

確かに、メール、チャット、ショートメッセージを使えば、場所や時間を選ばず、気軽にコミュニケーションを取ることができます。
その一方で、最近は、就業時間外のコミュニケーションが与えるストレスも問題になっています。

なので、まず夜、そして休日に送るのは避けることがマナーになっているのです。


でも、こう思いませんでしたか。

その日に送らないとマズい連絡もある、と。

その場合は、こうしてください。


急ぎのメールであれば、19時くらいまでなら許容範囲です。

よほどの場合は、20時まで。

その際は、配慮のあるメッセージを添えることが重要です。

例えば、「遅い時間のメールとなり、申し訳ございません」といった一文とともに、「この時間に送らざるを得ない理由」を加えるなど、配慮のある一言を入れておいた方がいいでしょう。


さらにオススメの方法も紹介しましょう。

メールのタイマー設定機能を活用する方法です。

翌朝に自動送信するように設定しておけば、わざわざ翌日にメールを送信する手間もなくせますし、相手にも不快感を持たれないでしょう。

私は、この方法を多用しています。

タスクを翌日に回すこともなくなりますし、それでいて相手にも不快感を与えないので、この方法は本当にオススメです。

夜にメールを送ることはこれほど危険

さて、夜にメールを送ることが、どれほど危険なのかにも触れておきましょう。

連合の調査（2023）では、**72・6%が「時間外や休日の連絡を拒否できるのであれば、そうしたいと思う**」と回答。

実に約7割の人が、夜のメールに対し、ネガティブな感情を持っているわけです。

この感覚は無視できません。絶対に押さえておくべきでしょう。

私の経験をお話ししますね。
ある営業の方からメールをもらうたびに「またか……」と思うことがありました。
ある時は21時、またある時は22時。
驚いたことに、深夜の1時にメールが入っていたこともありました。

正直に言いますね。
「この人と付き合うのは、やめておこう」と思いました。
メールの着信はスマホでもわかります。アラートが上がるからです。
そうなると気になるので、見たくなくてもチェックをしてしまうわけです。
明日の仕事の段取りを考えると、添付資料を開いてしまうこともあります。

そして、思うわけです。
「チェックして損した……」と。

別に明日の確認でも、何の問題もない業務の連絡なわけです。

「ザイアンス効果（単純接触効果）」をご存じですか。

接点を持つほどに親近感が高まるという心理効果なのですが、実は「逆」に働く効果も認められています。

ネガティブな印象を持ってしまうと、接点を持つほど、嫌いになってしまうというのです。

夜にメールを受け取ることに、ストレスを持つ人が7割の時代。

気を付けておいたほうがいいでしょう。

22
「ドアを閉めた後もお辞儀」の合理的な理由

ここでは、ちょっと計算高いことを言いますね。

商談を終え、「ありがとうございました」と伝え、ドアを閉めて帰る……。

営業をしていると、ごく当たり前のルーティーンです。

さて、この時、ドアを閉めた後もお辞儀していますか？

ドアを閉めているので、もちろん誰もいません。

でも、していないなら、あえてお辞儀をすることをオススメします。

ちょっと、わかりにくいですよね。

精神的な話ではなく、極めて合理的な理由です。

「誰かが、見ているかもしれない」という意識を持つといかがでしょう。

品格のある行動をとったほうが、絶対にいいですよね。

私は、こう思っています。

ドアを閉めた後も、まだ見られているかもしれない、と。

防犯モニターに自分の姿が映っているかもしれませんし、遠くから誰かが自分の姿を見ているかもしれません。

むしろ、私は「誰かこのお辞儀を見ていてくれ……」といつも思いながら、ドアを閉めた後、誰もいないドアの前でお辞儀をしています。

誰かに見つけてほしいので、あえて3秒くらいすることもあります。

なんと計算高い……と唖然とされたかもしれません。

でも、あながちそうではないのです。

「どう思わせるか」という気持ちを常に持つ

「誰か見ているかもしれない」という意識は、プロフェッショナルとしての自覚を促します。

例えば、ドアを閉めたこの段階だけではなく、オフィスの外やエレベーター内でのふるまいが、第三者によって高く評価されることは少なくありません。
これは、本質的な部分で人として、またビジネスパーソンとしての評価を得ることを意味します。

ちょっと話が脱線します。
芸能人は、よく「オーラが違う」と言いませんか。
私の知人が、音楽でメジャーデビューをしたことがありました。
その際、事務所からこう言われたそうです。

「スウェットでコンビニに行ってはいけない。常に誰かに見られている意識を持つように」と。

実際、芸能人の方を新幹線で見かけることがありますが、皆さん、とても行儀がよく、洗練されている印象です。

ワゴンの販売員の方にも丁寧に接していらっしゃいます。

話を戻しますね。この本は気くばりがテーマです。

先ほどこう言いました。

「どう思われるかではなく、どう思わせるかだ」と。

この気持ちを持つことが、緊張感を高め、結果として気くばり力を高めるといっても過言ではないのです。

具体的には、次のような行動につながるはずです。

・お手洗いをお借りしたら、来た時より洗面所をきれいに拭いておく

・靴に汚れがないようにしておく（汚い靴でお客様の床を汚さない）
・キャリーケースを訪問先では転がさない（手で持って移動。床を汚さない）

「この人、きちんとしているな」、そう思わせたい……。それでOKです。


ある新人の営業さんの話を紹介しましょう。お客様からこう言われたそうです。

「いつも颯爽と歩いているね。仕事楽しいでしょ」と。

彼は言います。

「自分の営業テリトリーを徒歩で移動する間も、自分の宣伝活動だと思っている。元気なアイツが担当でよかったと思ってもらえたら嬉しい」、と。

これも、気くばりと言ってもいいのではないでしょうか。


第三者の眼を意識することは、人を相手にする仕事において、プロとして活躍する条件であることに間違いありません。

第4章

行き届いた会話・提案で「売れる」

23

売れる商談には「王道のパターン」があった

一生懸命に頑張っているのに、なかなか売上が上がらない、ということはよくあることです。

その場合、商談で気を配るべきポイントを、押さえていない可能性が高いです。

この章では、そのポイントを1つひとつ紹介します。

うまくいかない時、やみくもに商談数を増やそうとする人もいると思いますが、それはオススメできません。

英会話を学ぶ際、アドリブで話しまくっても、簡単には上達しませんよね。

まずは「文法」を知り、ポイントとなる「ルール」を覚えることが先のはず。

営業も一緒です。

場当たり的な商談では、すぐに限界が来ます。

安定して売れる営業になるためには、正しい「商談プロセス」を知ることが先、ということです。

次の図をご覧ください。

どの営業メソッドも、基本はこの４つのプロセスで構成されています。

【商談のプロセス】

Step① ラポール（うちとけた場づくり）

Step② ヒアリング（本当の課題を確認）

Step③ プレゼン（解決策を提案）

Step④ クロージング（申込書をいただく）

もし聞いたことがないのであれば、この本に出会っていただいてラッキーと言わせてください。

私も最初は、この流れを知らずに、駆けずり回っていました。

「営業ってしんどいな……」、そう思っていたものです。

でも、この商談の流れを教わってからは世界が変わりました。

それまでは「会ってもらえるか」、もしくは「ニーズ」があるかどうか、それこそが成約の鍵と思っていたのですが、流れを知ってからはガラリと変わりました。

成約の鍵は、「ニーズ」があるかどうかではなく、「ニーズ」をつくることができるかどうか、だと。

それまで、10件の商談をした際の成約は1件程度でした。

それが、一気に3件程度に増えたのです。その差は実に3倍。

このセオリーを知らなかったことを恨みました。

これは、私だけではありません。

私が講師を務める研修でも、知らない方は大勢いらっしゃいます。

でも、この商談の流れを知ると、やはり成約率は格段に変わります。

■「ヒアリング」と「クロージング」で成約率は大きく変わる

さらに言いますね。

この中でも特に重要なのは、「ヒアリング」と「クロージング」です。

ここが不十分なために、チャンスを見逃している営業の方は、かなり多いです。

こんなことがありました。

ある企業様から「目標を達成できていない新人とロープレをしてほしい」と依頼を受けたのです。

人数は8人。ロープレをすればすぐにわかりました。

やはり、「ヒアリング」と「クロージング」ができていなかったのです。

そこで、この8人に対して、「ヒアリング」と「クロージング」だけのロープレを実施したのです。その時間は、たった1時間。

それだけでも、**翌月、8人中7人が月間目標を達成したのです。**


営業は、気合や根性で頑張るものではありません。

お客様の課題、つまり「解決すべきニーズ」を引き出す（つくる）ことができるかです。

また、営業は「物売り」ではありません。

お客様の「課題」を解決する人です。

このことを踏まえて、この章では、この商談のプロセスを丁寧に解説していきます。

24
初対面でも30秒でうちとける
Step①ラポール

ヒアリングが重要だとわかっても、いざ実践するとなると簡単ではありません。

やはり営業は警戒されやすい職業ですから、本音を話してもらえないのが普通です。

だからこそ、**最初の30秒程度で「この人ならいいな」と思ってもらえるような場づくりが不可欠なのです。**

この最初のプロセスを「ラポール」と言います。

語源は心理学の「ラポール」。関係をつくるといった意味が由来です。

やることは簡単。雑談が苦手な人でも大丈夫です。

次の「3つのステップ」をサラリと行うだけ。こんな感じです。

心をつかむ3つのステップ

【ステップ1】丁寧に感謝を示す
「本日は、貴重なお時間をいただきまして、誠にありがとうございます。
お目にかかれて光栄です」

簡単なことですが、ここまで丁寧な挨拶をしている人は稀なもの。
だから、やることに意味があるのです。
このステップのポイントは、「丁寧さ」と「相手を立てること」。
相手の「**自己重要感を満たす**」**効果を得られます。**
自己重要感を満たしてくれる人には、好意を抱く心理効果があります。

【ステップ2】関心を示す
「ところで、入り口のお花、とてもきれいですね。いつも飾っていらっしゃるのですか？」

2つ目のステップでは、このように訪問先の〝何か〟に関心を示します。言い換えれば**〝褒めどころ〟を探す**と言ってもいいでしょう。

入り口のお花や観葉植物、絵画、会社であれば従業員の活発な雰囲気などは、定番の着眼点になります。

もし見当たらない時は、「駅から近くてとてもいい場所ですね」など、環境の話を褒める手もあります。

その人をとりまく「会社や職場、職業」、また、「服装、髪型、時計」等のことを拡張自我と言い、**拡張自我を褒められると、あたかも自分のことを褒めてもらっているような嬉しい感覚になる**のです。

好意を抱いてもらうキラーパスと言ってもいいでしょう。
※注意：初対面では「服装、髪型、時計」を褒めるのは、踏み込みすぎの観点から、避けた方が無難です。

【ステップ3】感心する
「とても素敵ですね」でもいいでしょうし、「勉強になります」でもOK。
感心をして終了。

最後のステップでは、相手に感心を伝えます。

実はたったこれだけで、印象を高める心理効果が盛り込まれており、「この人、いいな」と思っていただきやすくなりますので、やらない手はないでしょう。

最後に、注意点にも触れておきます。

くどくどと褒めないでください。

くどくどと褒めると、下心があるようにも見え、かえって警戒心を与えてしまいます。言葉を短く、さらっと終える感じが正解です。

初対面のラポール

丁寧に感謝を示す

貴重なお時間をいただくお礼を伝える

本日は、貴重なお時間をいただきまして、誠にありがとうございます。今日はお忙しいのではなかったですか？

お目にかかれて光栄です。

↓

関心を示す

相手の人や物（環境）をさらりと褒める

ところで、入り口のお花、とてもきれいですね。
いつも飾っていらっしゃるのですか？

↓

感心する

感心して締めくくる

素敵なので、ずっと見てしまいました。

25

Step②ヒアリング

契約率が3倍になる「ヒアリング」とは？

ラポールが終われば、次はヒアリングのステップです。

私は研修でいつもこのように言っております。

「**営業はヒアリングがすべて**」と。

言いすぎではありません。

本書でも紹介した世界一のトップセールス、アリ・レダ氏も、著書の中で、こう言っています。

「**辛抱強く『聞く』ことこそ、営業の鍵である**」

実際、ヒアリングが不十分だと、お客様のニーズを「つくる」ことができません。
なので、まず「正しいヒアリングの流れ」ができるようにしておきましょう。
先にダメな商談をご覧ください。

お客様「今は他の業者を使っているので、結構です」
営業「では、説明だけでもさせていただいて、よろしいですか？」
お客様「……どうぞ（関心はないけどな……最後にきちんと断ろう）」

これでは売れませんよね。
でも、よくある光景ではないでしょうか。
しかし、ヒアリングの流れを知っていると、契約の流れを変えられます。
私が営業研修で紹介している「ヒアリングの4ステップ」は、こんな感じ。
もちろん、どの業界でも使えます。

契約率を上げる「ヒアリング」の4ステップ

【ステップ1】「状況」を聞く

きっと、あなたも色々と聞いているはずです。

「他社との取引状況」「利用頻度」「今後の予定」など、聞きますよね。

でも、こう言われてしまうことはないですか？

「他社にお願いをしているので、今は結構です」、と。

問題ありません。ここからが、勝負です。

では、次のステップ2をセリフ付きで見てみましょう。

【ステップ2】「問題」を聞く（拡大質問）

営業　「そうでしたか。せっかくの機会なので、伺ってよろしいでしょうか。

もっとこうなったらいいのに……と思うことがあれば、ぜひお伺いしたいと思っておりました。○○様、もしあるとすれば、どのようなことがございますか？」

お客様「まぁ、言っても仕方ないけど、××ができたらいいとは思うけれど」

営業　「差し支えなければ伺ってよろしいですか。

現状では、どんなことがあるのでしょうか？」

お客様（何かを答えられる）

営業　「そうだったのですね。教えていただき、ありがとうございます。

ところで、どうして、それが特にお困りなのでしょうか？」

と尋ね、さらには、

「そうでしたか。では、○○様としては、どのようになるのが一番よろしいものでしょうか？」

といったように、辛抱強くお客様の〝声にならなかった声〟を聞きます。

ここのポイントは意見を言ってもらいやすくなる「拡大質問（どんな、どうして、どのように）」で尋ねること。

たくさん語ってもらうことで、ニーズを引き出すことができます。

【ステップ3】「リスク」を聞く（拡大質問）

もし聞ければ、「リスク」も聞いてください。

お客様がその問題を解消できない場合、どのような影響が出るのかを聞くパートです。お客様自身に問題をリアルにイメージしてもらうために行います。

営業「あってはいけないことだと承知をしておりますが、万一、その問題が解消できなかった場合、どのようなことが想定されるものでしょうか？失礼な質問で本当に申し訳ございません」

お客様「そうだね……このままだと××が起こってしまうかもね」

実際にやってみると、傷口に塩を塗るような質問になるため、聞きにくいことは確かです。ですので、丁寧に恐縮しながら聞くといいでしょう。

【ステップ4】提案のチャンスをいただく

最後に解決すべき課題を設定します。課題とは、お客様が解決すべきこと。その上で、あなたが解消できることを伝えます。

営業「教えていただきありがとうございます。ということは、××を解決することが重要ということでしょうか（課題を特定）。よろしければ解決の一助になると思いますので、お話しさせていただけませんか？」

お客様「あるなら、聞かせてもらっていいですか？」

いかがでしょう。「ニーズ」をつくることができました。
まず、このヒアリングのステップはぜひ覚えてください。
今以上に契約率が上がること、間違いなしです。

「いらない」を「いる」に変える ヒアリングの4ステップ

状況を聞く

今は
ないです

・他社サービスの使用状況は？（今、過去）
・どんな時に？（スポットで？定期的に？など）
・どのくらい？（どのくらいのペースで、など）
・どうして？（その業者を選んだ背景、など）
・今後は？（ニーズ発生の予測、計画、など）

問題を聞く（拡大質問で）

実は…

・「もっと、こうなったらいい」と思うことや、「ちょっと不安、不便に感じていること」があれば、教えてもらう。
・その後、「どんな」「どうして」「どのように」と拡大質問で聞き、多くのことを語っていただき、ニーズを引き出す。

リスクを聞く（拡大質問で）

リアルに
考えると
マズいな…

・その問題が解消できなかった際の影響をリアルに考えてもらう。
・「失礼な質問で、申し訳ございません」と、丁寧に恐縮しながら聞く。

提案のチャンスをいただく

ぜひ、
聞かせて
もらいたい

・解決すべき課題を設定。その問題を解消する方法をお話しできることを伝え、提案のチャンスをもらう。
・「教えていただき、ありがとうございます。ということは、＊＊を解決することが大事、ということでしょうか。よろしければ、解決の一助になると思いますので、お話しさせていただきましょうか？」と伝える。

YouTubeでは、デモンストレーションで紹介

【営業ヒアリングのコツ】
トップ営業流！
ヒアリングの4ステップ

26

Step②ヒアリング

「トップ営業」は○○を準備している

さて、さらにヒアリング上手になる裏技を紹介しますね。
実は、トップ営業達が無自覚にやっている技です。
それは、**商談の前に「仮説」を準備する**、です。
さらに提案のチャンスを広げることができます。

例えばこんな感じ。

お客様　「今のところ、特に困った事はないかな……」
営業　「そうでございましたか。何よりです。(ここから仮説を展開)

実は、私のお客様がよくおっしゃるのですが、××といったことを課題にされているケースが増えてきているのですが、そのような課題感はございませんでしょうか？」
お客様「確かに……言われてみればそうかな……」
営業「差し支えなければ伺ってもよろしいですか。どのようなことが、あるのでしょうか？」

1つの仮説を投げかけただけで、一気に流れが変わりました。

コツは、あなたの提案に結びつけやすい仮説を持ちかけること。

7割程度のお客様が「言われてみればそうかな……」と答えていただける仮説であれば、完璧です。

これを私は、「**契約率を高める勝ち筋づくり**」と言っています。

(トップ営業は、この仮説をいくつか持っています)

仮説をつくる3つの切り口

代表的な仮説の切り口を紹介しますね。

それが、「N・S・L」です。

あなたの営業シーンを想像しながら、読んでみてください。

新たな仮説をつくれるかもしれません。

N・Next（今後に向けての投資）

あなたが担当する製品やサービスを使って、次のような仮説を立てられないでしょうか。1つでもできれば、最高です。

・ライフステージや環境の変化に備える提案（加齢、家族構成の変化など）

・企業の成長ステージの変化に備える提案
・市場環境、業界の変化に備える提案（景気、法令遵守、DX化、少子高齢化など）

S・Sales Up（収入向上策）

次は、あなたの商品やサービスを使って、収入アップができる提案をできないでしょうか。直接的な収入だけではなく、間接的な要素でもOKです。

・直接的に、お客様の資産や収入を増やせるかもしれない提案
・お客様（個人、会社）のスキルアップになるかもしれない提案
・お客様（企業）の売上向上策やサービス向上になるかもしれない提案

L・Low Cost（費用削減策）

さらには、あなたの商品やサービスを使って、費用削減ができる提案を考えられないでしょうか。

・ムダな費用を見直す提案
・初期導入コスト、運用コストを見直す提案
・固定費を変動費に変える提案

これらは、キーマン（決裁者）であれば、誰もが感じている課題の切り口です。
ぜひ、あなたの業種に合わせて考えてみるといいでしょう。

その際、「成功事例」を用意しておくこともオススメです。
先ほど、「××といったことを課題とされているケースが増えてきているのですが

……」といったトークを紹介しました。

「増えてきている」といったからには、語れる事例を用意しておきましょう。

お客様が関心を示すのは、「100のトークより1つの事例」です。

特に経験の浅い営業の方ほど、事例は武器になります。

27

Step③プレゼン

伝える時の鍵は、「何を言わないか」

次に、プレゼン（提案）を成功させるセオリーを紹介しましょう。

パンフレットを広げて、丁寧に商品の説明をしていませんか。

だとしたら、お客様は退屈しているかもしれません。

効果的なプレゼンの秘訣は「何を言わないか」です。


説明しますね。私の失敗談を紹介します。

ロープレでの一コマ。私が提案役です。

資料を見せながら、細かい箇所を丁寧に説明したところ、上司から指摘を受けたのです。「情報が多すぎて、何がポイントなのかがわかりにくい」と。

さらに上司は、こう言うのです。

「プレゼンは、何を言わないのかを決めることが大事。受け手にとって、どんな価値があるのかを短い言葉で伝えるのが、うまいプレゼンなんだよ」

これには目から鱗でした。

丁寧に伝えるほどに、わかりにくくなるとは当時の私は想像もしていませんでした。

お客様の関心を高める話し方「PREP法」

では、どうすればよいのでしょうか。

簡単な方法があります。

PREP法で伝えてみてください。自然と余計な説明を割愛できます。

PREP法とは、端的に伝える話し方の代表格。

①Point（結論）
②Reason（理由）
③Example（事例）
④Point（結論の再確認）

この4ステップで説明する方法です。**わずか30秒程度で、お客様の関心を高めることができる**ので、使わない手はないでしょう。

私が、求人広告の営業をしていた時に、やっていたトークを紹介しますね。シーンは、ヒアリングを終えたところから。

お客様　「でも、ウチは零細企業なので、採用するのは難しいんだよね……。方法があるなら聞かせてよ」

ここで、ＰＲＥＰ法を使います。

営業「実は2つのことをするだけで、採用の確率を高められます。

【Point（結論）】というのも、2つの要素で、ほぼ決まるからです。

【Reason（理由）】1つは、採用しやすいターゲットを設定することです。もう1つが、差別化です。他の企業様にはないオンリーワンの魅力をきちんと打ち出すことです。

【Example（事例）】（ここで成功事例を紹介する）これらをすることで、私のお客様は採用できています。

【Point（結論の再確認）】よろしければ、この方向で一緒に考えさせていただくのはいかがですか」


もちろん、最初からアドリブではできません。

あらかじめシーンに合わせて、トークを考えてみてください。

それが、あなたの持ちネタになります。

一瞬で、興味を持ってもらう「伝え方」（PREP 法）

	伝えること	セリフ例
Point（結論）	お客様にとっての「利益」を端的に伝える。 〇：利益（お客様の何を解決できる？） ×：サービスの特徴(自社のいいところ)	もっとも大きな違いは、「スピード」です。企業様からは、早く決まることで、評価をいただいております。
Reason（理由）	根拠やデータを示す。 ※サービスの特徴は、ココで語ることが多い。	と言いますのも、登録者が〇〇万人いますので、求められる要件にフィットする人材がいる確率が高いからです。
Example（例）	利用の**効果（変化）**、または利用者の**感想**等を伝える。	例えば、 この近くの企業様になるのですが、10 時にご連絡をいただき、「貿易事務の経験者」が必要になったとのご相談を頂戴したことがあったのですが、その日の 16 時にはお会いいただき、その週のうちに勤務開始となった例もございます。
Point（結論）	上の Point を繰り返す。	このように経験者であっても、多くの登録者がいますので、迅速にお会いいただける可能性が高いのが、我々の特徴です。

28

Step④クロージング

クロージングをする恐怖を乗り越える

先日、こんな質問をいただきました。

「クロージングをするのが怖い。どうすればよいのか？」

確かに、クロージングは勇気がいるものです。

「結局は売上がほしいのか」と思われてしまうのではないか、というクロージングに対する恐怖感は、営業の多くが持つ自然な感覚ではないでしょうか。

結論を申します。

それでも、きちんとクロージングをしてください。

クロージングは意思決定を促すサービスだからです。

そう思うようになった理由を紹介しましょう。

ロープレ研修をした時のあるシーンです。

顧客役が私です。

営業役「この製品、オプションが10個から選べます。
いかがでしょう？　ご要望に適っていますでしょうか？」
顧客役「そうですね。悪くないですね」
営業役「そうでしたか。よかったです。疑問点はないですか？」
顧客役「そうですね。今のところ、大丈夫です」
営業役「今でしたら、在庫もありますし、いつでもおっしゃってください」
顧客役「わかりました」
営業役「……ご不安な点はないですか？」

顧客役「大丈夫です」
営業役「よかったです……今週中でしたら、在庫は大丈夫と思います。いつでも、おっしゃってください」
顧客役「わかりました」

ここでロープレは終了。

この時、顧客の立場で思ったことがあります。

「ズルいな……」、です。

クロージングをしてもらわないと、顧客は自分から「では、お願いしていいですか？」と言うことになるわけで、言ってみれば、お願いをしないといけない立場に追い込まれるわけです。

やはり、クロージングは意思決定を促すサービスなのです。

クロージングをした方がお客様の負担はなくなる

では、どうすればよいのでしょうか。私なら、先ほどの会話をこうします。

営業「そうでしたか。よかったです。疑問点はないですか？」
顧客「そうですね。今のところ、大丈夫です」
営業「安心しました。では、よろしければ、在庫を押さえておきましょうか？」
顧客「そうですね。お願いしようかな」
営業「かしこまりました。では、差し支えなければ、先に『お申し込みの手続き』をさせていただいてもよろしいでしょうか？」
顧客「そうだね。じゃ、お願いしようか」

まず「在庫を押さえておきましょうか？」と契約の可能性をテストする「テストク

ロージング」をし、その上で契約をいただく「ダイレクトクロージング」をします。

ぜひ、あなたもテストクロージングをしたら、ダイレクトクロージングをセットでしてみてください。そのほうが、お客様の心理的な負担はなくなります。


最後に雑談を。偉そうに言いましたが、私は、プロポーズをせず結婚しました。「このあたりに住みたいね」「式を挙げるなら、こんな感じがいいよね」といったテストクロージングだけで……。「幸せにします」と言うこともなく……。

あれから25年。いまだに「プロポーズがなかった」と言われます。


さて、商談におけるクロージングは、プロポーズと一緒ではないでしょうか。

クロージングは「ご満足いただけるように頑張ります」と伝える行為です。

ぜひ、あなたの熱意をきちんと伝えるようにしましょう。

クロージングとプロポーズは勇気がいりますが、しないと「ずるい」と思われることになります。

29

Step④クロージング

クロージングは、お客様へのサービスである

先ほどもお伝えしたように、**クロージングは、お客様のための「意思決定を促すサービス」**です。

では、クロージングのテクニックを詳しく紹介しますね。

この流れを知れば堂々とクロージングを行えるようになるはず。

とは言っても、やはりクロージングはデリケートなもの。

一歩間違えると、「厚かましい営業」になってしまいかねません。

そうならないため、次の流れでクロージングを行います。

【クロージングの流れ】

①テストクロージング（契約の関心を確認）
←
②ダイレクトクロージング（契約書をいただく）
←
③躊躇の解消（お客様にためらいがあれば、丁寧に解消）
←
④再度、ダイレクトクロージング（契約書をいただく）

では、順を追って説明しますね。

【①テストクロージング】

最初に、**お客様の契約への関心を確認**します。例えば、「先に在庫の確認をしておきましょうか？」「先に商品があれば、押さえておきましょうか？」「先に○○だけでもしておきましょうか？」というような質問で、契約への関心を探ります。

【②ダイレクトクロージング】

承諾を得られたら、次はダイレクトクロージングで契約を求めます。

「よろしければ、進めさせていただくのはいかがでしょう？」と**決断を促します。**

【③躊躇の解消→④再度、ダイレクトクロージング】

しかし、ここで躊躇されることも少なくありません。

例えば、お客様が「相場より値段が高いように思う」「きっと、故障もあるよね……」といったように躊躇されている場合は、**丁寧に対応します。**

事例やデータを示すことも有効です。

その際に懸念を払しょくできたとしても、さらに丁寧に聞きます。

「他に疑問などはございませんか？　何でもおっしゃってください」と。

ここまでやるからこそ、お客様は納得されるわけです。

ここで懸念がないようなら、もう一度、ダイレクトクロージングを行います。


私の体験を紹介します。

私は、ある営業さんから一軒家を買いました。

大きな買い物なので、かなり躊躇したものです。

そんな私に対して、営業さんは丁寧な対応をしてくれました。その結果、思い切って購入を決意したのです。

そして今、買って本当によかったと感謝しています。

家族が喜ぶ顔を見ると、なおさらです。

あのタイミングを逃していたら、後悔していたことは間違いありません。

その営業さんのクロージングによって、私はいい買い物をすることができました。

今年、その営業さんから、はがきが送られてきました。

「この11月で10年ですね。早いですね」と。

私は確信します。

クロージングは、意思決定を促すサービスである、と。

30

「契約に至らず……」こそ、実はチャンス

もちろん、いくら丁寧にクロージングをしても契約に至らないことがあります。

トップセールスであっても、これはかりは一緒。

それが営業の難しいところです。

でも、まだ勝負は終わっていません。

「追客」のプロセスが待っているからです。

失注後、追客をきちんとすれば、チャンスが巡ってきます。

説明しますね。

営業では、よく「即決を狙え」と言われます。

確かに「即決」を狙うのはベターですが、実際のところ、商談からの契約率は10～30％程度ではないでしょうか（業種にもよりますが）。

まだ検討中といったこともありますし、決裁者が別のこともあります。

多くの場合、ここからが勝負。追客の開始です。

チャンスをつかめる追客の流れ

【結論待ちのケース】

まだ、決断をされていない状況であるなら、次の流れをやってみてください。

・まず、決断の時期を確認する
・そのタイミングで、こちらから連絡をする（返事を待たない）
・それでも決まらない場合は、状況を伺い、決断の時期を確認する

・また、そのタイミングで連絡をする

でも、こう思いませんでしたか。

「しつこい」と思われるのでは……と。

なので、回数を決めることをオススメします。

どんな状況でも3回は行う、と決めれば迷いにくくなります。

私の感覚では、最低3回は行った方がいいでしょう。

やってはいけないのが、「ここはムリそうかな……」「ちょっと行きにくいな……」と、勝手にあきらめてしまうことです。得るものは何もありません。


【ニーズが消えるケース】

「今回は話がなくなった」「他社にお願いをした」といったケースでも追客は有効です。

やることは、次のステップです。

・今後、検討される可能性を確認（計画ではなく、可能性のレベルでOK）
・定期的にフォローをさせていただくことを申し出る
・フォローする顧客を「階層別」に分類し、フォローの仕方を変える

（例）
A顧客群 …… 1か月に1回は接触
B顧客群 …… 3か月に1回は接触
C顧客群 …… 1か月に1回はメール

1か月後に契約になることもありますが、数か月、数年かかることもあります。

大事なことは、お客様と定期的にコミュニケーションを取ることで、将来的にお客様が何かを必要とした際にあなたを思い出してもらえるように努めること。

私は、このことを「真っ先に思い出してもらう関係になる」と呼んでいます。

実は、この追客を行うことで「紹介」をいただけることも少なくありません。

今でも思い出す体験があります。
ぶっきらぼうな社長がいらっしゃいました。
1か月に1回訪問するのですが、いつも不愛想なのです。
会話をしようとすると、「忙しい」と遮られる、そんな感じ。
それでも、お役に立てそうな資料をお土産に訪問を続けたところ、
「紹介したいんだけどさ……この会社に連絡して。弟の会社」
と紹介をいただいたのです。
他の業者のほうがメインの取引のはずなのに、です。
追客はあきらめずに行ってください。
一番近い関係になれる可能性が残されています。

31

「上司」を〝営業ツール〟として使う

オセロは角をとれば、一気に勝負の流れが変わりますよね。
法人営業の場合は、「決裁者」と会うことで、勝負の流れが変わります。
「誰」と商談するかによって、成果は大きく変わるからです。
できる限り、担当者だけではなく、決裁者とも会うようにしてみてください。

決裁者とは、契約の最終決定者のこと。
部長の場合もあれば、経営者の場合もあります。
実際、決裁者に会うことで、売上が飛躍的に増加することは多いもの。
私が営業としてトップになれたのも、間違いなく決裁者と会うようにしたことが大きな鍵でした。絶対に会うようにしてみてください。

でも、ここでこう思われたかもしれません。

「ちょっと怖いな……」と。

わかります。実は私もそうでした。

権威のある人ですから、なんだか怖いですよね。

でも、それは正しいアプローチ法を知ることで、簡単に克服できます。

正しい方法を紹介しましょう。

すぐに決裁者に会えるのであれば、そこまでやる必要はないのですが、ある程度の企業規模になると、そうはいきません。

そんな時は、「**マトリクス**」**営業を実践すれば、すべて解決します。**

決裁者に会える「マトリクス営業」の進め方

マトリクス営業とは担当者は担当者同士、管理職は管理職同士、幹部は幹部同士、といったように階層ごとの接点をつくる方法です。

具体的には、このように進めます。

「ウチの責任者が、ぜひご挨拶をしたいと申しておりまして……」

と担当者に伝えることからスタート。

効果的なタイミングは、「年末年始」「お客様の決算月の前後や半期決算月の前後」などは、特に重要です。

これらの時期は、予算の配分やビジネスプランの策定が行われる時期でもあるため、新しい提案に対する関心が高まるタイミングだからです。

私は、あたかもトランプのジョーカー（切り札）のように上司である「支社長」や

「部長」に同行をお願いしていました。

もちろん、ただの挨拶にはしません。必ず、訪問前には作戦会議をします。会社の状況を共有し、「社長に、こんな課題があるかを聞き出してほしい」とリクエストをしておきます。

作戦が決まれば、先方の担当者に「ウチの上司が、ぜひご挨拶したいと申しておりまして」と依頼をします。

メールではなく、口頭がオススメ。承諾率が高くなります。


さて、ここで担当者の立場で考えるとどうでしょう。

けっこう面倒な依頼ですよね。でも、ここで遠慮は無用。

双方の会社にとって、よりよい状況をつくる機会だとの思いで取り組むのです。


ここで、ちょっとした裏技も紹介しますね。

「上司から依頼状（手紙）を預かっております」と口頭ではなく、手紙で伝えると、担当者の心理的な障壁を軽くすることができます。

「社長、●●企画さんから、このような依頼状を預かっております。いかがしましょう？」と簡単に報告できるからです。

最後に、決裁者に会う効果をまとめましょう。

「売上が急拡大する効果」は言いました。他にもあります。

それは、「あなた自身の権威性を高める効果」です。

例えば、先方の部長に「先日、社長から＊＊といった課題を伺いまして」と伝えるとどうでしょう。

あなたは、社長と接点のある人になるわけです。今までは立ち話だったのに、応接室に通してもらえるようになることは、よくあること。

もちろん提案も通りやすくなります。

ぜひ、勇気を出して決裁者と会うようにしてみてください。世界が変わります。

第5章

あなたから買いたいと言われて「愛される」

32

まず相手の「嬉しい」を妄想する

きっと、あなたにも人生を大きく変えた出来事があったのではないでしょうか。

私は、大学4年生の時にありました。

適当な生活をしていた当時の私は、「このままではいけない」との思いから、リクルートの求人広告を営業するアルバイトを始めることにしました。

昼間は学校があったので、勤務は夕方から。

社内では「ナイト君」といわれる北新地のラウンジに飛び込む営業でした。

営業先はママさんなので、やさしいはず……。

そんな甘酸っぱい幻想は、たった1日で吹き飛びました。

飛び込んだとて、ママは接客中。話すらも聞いてもらえません。

それどころか、「忙しいねん、邪魔や」と睨みつけられることも。

しばらく、まったく売れない日々が続きました。


でも、冷静に考えるとそりゃそうです。

ママの立場で考えると、接客中は真剣勝負の場。

飛び込み営業ほど迷惑な行為はありません。

だからと言って、気合と根性でゴリ押しをするような営業は、性に合わず……。

そこで、発想を変えました。

どうせ「邪魔」するなら、「嬉しい」と思ってもらえる〝30秒の接点〟をつくるゲームにしてみてはどうだろう、と。


でも、北新地のママが「嬉しい」と喜ぶことを想像するには、子どもすぎました。

ただ、妄想はできます。

なんとか考えついたのが「最終電車の早見表」を作成することでした。

まだスマホのない時代でしたので、お客様から「ママ、終電は何時？」と言われることもあるかも、そんな妄想を頼りに思いついたのです。

そこで、**飛び込みで訪問する際に、捨てられにくい営業ツールとして作成することにしたのです。**

自己紹介のツールと商品のパンフレット、そして最終電車の早見表をクリアファイルに入れてお渡ししました。

そして、渡す際に、一言こう切り出すのです。

「こちら、作成しました。よろしければ、レジの横にでも置いておいてください」と。

効果はてきめん！

想像を超える反響をいただくことになったのです。

「これ、君がつくったの？　気が利くね……レジに置いておくね」

「やるなぁ……求人を出す時は、君に連絡するよ」

それまでは、1か月に1件ほどの新規開拓しかできていなかったのですが、なんとその日を境に、1週に6件の新規開拓をコンスタントにいただけるようになったのです。

ビジネスでは「相手視点でのメリット」を先に考える

〝しつこい営業〟は嫌われますが、〝熱心な営業〟は喜ばれます。

自分軸で行動してしまっていることに気付かずに、何度も訪問をすると、「うちは結構です。必要な時は連絡します」と嫌われます。

でも、「喜んでもらえるかな」と妄想でもよいので考えた上で、「嬉しい」と思ってもらえる接点をつくると、「わざわざ、ありがとうね」と言ってもらえます。

これが、私の人生が変わったきっかけ。

ビジネスは「相手視点でのメリット」を先に考える、という極めて当たり前のことに気付かされた出来事でした。


妄想でもいいので、「相手にとって嬉しい」ことを考えてみませんか。

それだけで、お客様から「ありがとう」をたくさんもらえる営業になります。


「営業ほど、クリエイティブな仕事はない」

それが私の確信です。

33 「＊＊が気になりまして」と言っているか？

お客様に連絡をする際、ちょっと緊張しませんか。

「忙しい時に、連絡をしたら嫌がられるのでは……」と。

それでも、営業は連絡をしなければ仕事になりません。


そこでオススメしたいのが、１ミリのおせっかいです。

たいしたことでなくてＯＫ。

お客様に連絡を取る際、

「＊＊が気になりまして、連絡をさせていただきました」

とお気遣いの気持ちをお示しするだけです。

たったそれだけで、あなたがお客様に連絡をした際「わざわざありがとう」と言ってもらえるようになります。

営業に必要な「1ミリのおせっかい」

以前、こんなことがありました。突然、私の携帯に連絡が入ったのです。私が自動車を購入した時の営業さんからでした。忙しかったので、ちょっと面倒だな……と思いながら電話に出ました。その時の会話が次です。


「ご無沙汰しております。＊＊の＊＊です。その節は、ありがとうございました。ほんの少し、お話よろしいでしょうか？」

「はい」

「メーターの横にある警告灯、点灯していないかどうか気になりまして、連絡をさせていただきました」

「え？　何か不具合があったのですか？」

「いえ、ご安心ください。

ただ、そろそろ４万キロになる頃だと思いまして……４万キロあたりで、警告灯が点くことがあるものですから、気になりまして……」

「大丈夫ですよ。今のところは点いてないですよ」

「よかったです！　安心しました。もし点いたらすぐに連絡ください。

ところで、他に気になることはないですか？」

「おかげさまで、今のところは大丈夫です」

「よかったです」

「わざわざ、ありがとうございます」

「もう１つ、よろしいですか？

少し先ですが、今度の検査、予約だけでもされますか？」

「そうですね。お願いします」（日程の調整を済ませる）

「そうだ、また新しいモデルが入るのですが、ご興味あります？

試乗もできますので、こちらも予約できますが、いかがですか」

「じゃ、お願いしておこうか……」

「かしこまりました」


「忙しいのに……」と思っていたにもかかわらず、気が付けば、「わざわざありがとうございます」と言い、新車試乗の予約もしてしまっているというわけです。


「大口顧客でないのに、気にかけてもらって、ありがたいな……」

それが、その時の私の感想です。


お客様と接点を持つ際、「＊＊が気になりまして」を挟んでみてください。

これが1ミリの「おせっかい」です。

「熱心」と「しつこい」の違いとは？

最後にもう1つ。

私なりに感じている「熱心」と「しつこい」の差を紹介させてください。

この違いこそが、「1ミリのおせっかい」の有無にあると確信しています。

「……が気になりまして」「ご関心があるのでは……と思い、念のため」と連絡をする姿勢は、多くのお客様が「熱心」さを感じるものです。

お客様のことを思って連絡をしているからです。

一方で、「キャンペーンのご案内で」「締め切りだったもので」と、いわゆる営業電話を何度も連絡をするだけでは、「しつこい」と思われても仕方がないと思うのです。

ぜひ、お客様と接点を持つ際、1ミリのおせっかいを考えてみてください。

ちょっとした差ですが、この姿勢を示せるかどうかは、営業のおもしろさを大きく変えるパスポートになること間違いありません。

34

１分であっても、待ち時間をムダにしない

営業をしていると、お客様を待つ時間は多いものです。

お客様を訪問した際、受付で「担当につなぎますので、イスにかけてお待ちください」と言われるシーンもその１つ。

もちろん、普通は言われた通り、イスにかけて待ちます。

私も最初の頃は、イスにかけて待っていました。

でも、ある時から、こう思うようになりました。

「廊下で待っていた方が、顔を売れるかも……」と。

そこで、あえて従業員さんが往来する廊下で待つようにしたのです。

すると、担当者の上長や同僚の方々と遭遇するようになりました。

ある時、担当者の上司からこんなことを言われました。

「伊庭さん、今日も来ているの？　ウチの従業員のようだね」

身内のように思ってもらえるのは、光栄でしかありません。

営業としてはこれほど、嬉しいことはないでしょう。


こうなると味をしめるもの。

どの企業に訪問をしても、「イスに座って待つのはもったいない。従業員さんが往来する場所はないか」と探すようになりました。

すると、やはり、同じようなことが起こるのです。

「よく、ウチに来ていますね！」と声をかけてもらえるのです。

そうなると、さらに味をしめ、返事も変わってきます。

「伊庭さん、今日も来られているのですね」

「いえ、もはやここに住んでいます」
「ははは」

待たされる時間で営業センスを磨く

どの業界でも、営業は待たされることが多い仕事です。
製薬会社の営業は、お客様であるドクターを1時間、2時間、待つことは当たり前と言います。

この待ち時間で何をするかで、営業センスが養われると言っても過言ではありません。

イスに座って、スマホでSNSを見ながら待つ……。
それよりは、PCを開いて、残務をしながら待っていたほうがいいでしょう。
でも、どうせなら、「お客様の身内になる行為」をしながら待つほうが得策です。

往来のある廊下で待つのも、その1つでしょうし、他のスタッフの方と会話をし、顔を売ることも、作戦としては有効です。

もし、会社の販促グッズ（ボールペンやメモなど）があるなら、スタッフの皆さんに、挨拶をしながら、差し上げてもよいでしょう。

これからの営業がしやすくなるはずです。

また、会話をしながら従業員さんの名前を覚えておけば、いざ担当者と会話をする際、こんな会話もできます。

「先ほど山田さんからお話を伺い、勉強をさせていただきました」と言えば、

「え、山田と？　どんな話？」となるはずです。

「忙しさを解消するために、皆様で業務を分担されているそうですね」

「そうなんだよね。ホント、助かっていますよ」

いかがでしょう。
法人営業において、従業員さんの名前を覚えることは、愛される鉄則の１つ。
１人でも多くのお名前を覚えておきたいもの。

意外と待つ時間も効果的に使えるものです。
もちろん、すべての訪問先でできるわけではありません。
できる時だけでもOK。

今、この待ち時間で何ができるか、常に考える習慣を持ちましょう。
その習慣が、あなたの営業センスを高めてくれるはずです。

35

究極の選択……数字か？　お客様か？

営業目標のプレッシャーを感じていませんか？
だとしたら、こんな葛藤はないですか？
優先すべきは、「数字か？　お客様か？」

先に結論を言います。
「**お客様**」**を優先してください。**
そのほうが、長い目で見るといい結果になります。
また、営業に従事していることに誇りを持てるでしょう。

私の忘れられない経験を白状しましょう。

営業をして1年が経とうとしていた頃、お客様から言われてしまったのです。

「伊庭君、数字に困っているのか？」

「いえ……（本当はそうだけど……）」

「会話に余裕がないよ。オデコに¥のマークが透かしのように見えるよ」

「え？　どういうことですか？」

「前の伊庭君は、もっと私の話をしっかりと聞いてくれたけど、最近、話を聞く前にすぐ提案をしてしまっているよ。焦らないほうがいいよ」


図星でした。

当時、目標達成が危うかったのです。

実は、同じタイミングで、他のお客様にこんなトークを繰り広げていました。

「目標達成が厳しくて……」と。いわゆる「お願い営業」です。

「わかった。営業は大変だね」と同情をしてもらう戦法。

断られることがほとんどでしたが、中には「わかった。達成頑張れよ」と言って契約をしてくださる方もいて、あたかも悪質なクラウドファンディングのような戦い方をしていました。

でも、この「オデコに¥マーク」とお叱りを受けて、目が覚めたのです。

「俺は、何をやっているのだ……」と。

やってはいけないことをやっていることに気付き、めちゃくちゃ落ち込みました。

すぐに、「お願い営業」で契約をいただいたお客様に訪問をし、お詫びに上がりました。

「私の都合で申し訳ございませんでした。

契約を破棄させていただいたほうがいいと反省しております」

と頭を下げました。

「いや、破棄はしなくていいよ。確かに、最初は助けてあげようと思って契約をしたけど、後から考えたら、今のうちから求人をしておいたほうがいいと思ったんだよ。なので、破棄は不要だよ。わざわざありがとうね。気にしないで」

「いや、それは……」

「本当にそうなんだから、気にしないで」

これほどつらいことはありませんでした。

「気にしないで」と言われたものの、今でも気にしています。

数字のプレッシャーに負けそうになった時、するべきこと

では、営業目標のプレッシャーで負けそうになった時、どうすればよいのでしょう。

もちろん、**同情を買うような営業は絶対にしてはいけません。**

ましてや、必要以上に高い商品を提案するのもNG。必ず後悔します。

だからといって、簡単にあきらめるのもダメ。

正しい対処法があります。

「お客様にメリットのある提案を持って行く」ことです。

妄想でもOK。

本当にお客様のことを考え、

「先々のことを考えると、今のうちから検討を……」

「＊＊といった課題はございませんか？　実は……」

と、多くのお客様にアプローチしてみてください。

当たり前のことですが、自分がされて嫌な営業はしないことです。

自分がされて嬉しい営業をすることこそが、愛される営業の「当たり前」です。

36

断られてからが勝負

我々は、美味しい料理を食べた時、「後味がいい」と表現します。
これは、営業も同じです。
営業は後味を大事にしなければなりません。
「あの人、よかったね」と思ってもらってこそ営業はチャンスを得られるからです。

でも、意外と後味の悪い営業も少なくありません。
契約の意図がないとわかったとたんに、熱量が下がる営業。
契約までの熱量は高かったのに、アフターフォローがない営業。
最たる例は、雑な営業。

十分なヒアリングもないままに、

「お得なキャンペーンで、限定2社です。いかがですか？」

といった攻め立てるような営業電話もそう。

非常に後味が悪いものです。


私は、この後味が悪い営業活動のことを「アンチを増やす活動」と呼んでいます。

やればやるだけ、「なんだか嫌な感じ」と思われる活動だからです。


では、どうすればよいのか。


実は、やることは簡単。

断られる時こそ、最高の後味を残してください。

営業は断られることが多い仕事です。だからこそ、

「今回は用事がないので断ったけど、感じのいい人だったな」

お客様にこう思ってもらえる後味を残すのです。

理屈だけじゃない、だから営業はおもしろい

私も同様のことがありました。

競合他社のサービスを利用されていた企業様に、なんとかアポイントをもらい、商談にこぎつけた時がそうでした。

「せっかく来てもらったけど、お宅にお願いすることは、今のところはないよ」

と言われてしまったのです。

提案のチャンスももらえなかったことにショックを受けつつも、「後味」をよくするべく、あえて手書きでお礼の手紙を書き、加えてお役に立ちそうな資料を封書にして送りました。

でも、白状すると、コンプレックスになっているくらいに、とにかく字が下手くそ

なのです。小学生の頃は、習字6級もとれずに、先生に匙を投げられたほど。

社会人になってからも、報告書の文字が雑すぎて、上司から文字の指導を受けるほどでした。

それでも、あえて手書きで書きました。努力はしましたが悪筆だったと思います。

思います、と濁したのは、自分なりにはかなり丁寧に書いたので、少しはマシのはず……でも、やはり悪筆だろうな、との想いの交錯によるものです。

でも、その努力はムダではありませんでした。

2週間後、その企業様から連絡をもらいました。

「一度、提案を持ってきてほしい」と。

伺うとこういうことでした。

「あなたが帰った後、雰囲気のよい営業さんだったね、と話していたんだよ。そうしたら手紙が送られてきて、これは御縁かな……と思ってね」

私の雰囲気がよかったとすれば、断られた際の「後味のよさ」を気にしていたことが要因にあったと思います。

また、さらに「後味」をよくするために、あえて手紙をしたためたことも功を奏したのでしょう。

営業は、つくづくおもしろい仕事だと思います。

理屈だけで判断されるわけではありません。

やはり、感情で判断されることも多いもの。

だからといって、手書きで手紙を書くのは、思った以上に労力がかかります。

メールでも十分です。

心理学では、「親近効果」というものがあります。

これは、「最後の印象が一番記憶に残りやすく、その後の評価にも影響を与える」

というもの。

この効果からも、後味の大事さがわかります。

まとめます。

断られた時、悲観しないでください。

実は、あなたの見せ場だと思ってください。

そして、チャンスと思ってください。

あなたなりの「後味」のよさを残せば、長い目で見ると必ずうまくいきます。

37

一瞬で、距離を縮める方法

バランス理論をご存じでしょうか。

愛される営業になるためには、絶対の法則と言っても過言ではないでしょう。


簡単に言うと、こんな法則です。

お客様が「好きなもの（X）」があるとします。

その時、あなたもその「X」が好きだとします。

すると、お客様はあなたに好感を持つ、という法則。

一方で、お客様の「好きなもの（X）」に対し、あなたがその「X」に関心がないとします。

すると、お客様はあなたに好感を持たない、という法則です。

「普通の会話」と「営業の会話」の違い

当たり前の法則ですが、実践できているかは別。
こんな会話も少なくありません。

営業　「最近はお忙しいのですか?」
お客様　「忙しいよ。ゴルフもいけないよ。いい季節なのにね……」
営業　「ゴルフされるのですか?」
お客様　「するよ。ところで、あなたは?」
営業　「私は、ゴルフやってないんです」

普通の会話だと問題ないのですが、営業となると話は別。

バランス理論を考えると、次のような会話のほうがいいでしょう。

お客様　「ところで、あなたは？」
営業　「いつかはやりたいと思っているんですが……。
　やはり、やったほうがいいですか？」
お客様　「そりゃ、やったほうがいいよ」
営業　「最初は、何から始めたほうがいいですか？」

今でも思い出すことがあります。
お客様が「カーレース」が好きだとおっしゃった時は、たじろぎました。
とっさに出た言葉が、これでした。
「私も車を運転しますが、レースの爽快感は別格なのでしょうね」と。
すると、
「もしよかったら、一緒にレースに行かない？　伊庭君、何乗っているの？」

とお誘いを受けたのです。

「ロードスターです。まったくのノーマルですが……」

「いいね」

これも経験、と思い、レースに行くことに。

フルチューンしたレースカーの中に、1人だけノーマルの自家用車で参戦するという、普段の私だと絶対にやらない行動をとっていました。

不思議なことに、ノーマル車でも数字のゼッケンを貼るだけで、それっぽく見えるもの。順位は20台中19位。よい記念になりました。

そして何よりも、お客様との距離がグッと近くなりました。

まとめます。

無理にレースに行く必要もないですし、ゴルフに行く必要もありません。

誘われたからといって、すべて受けてしまっては身が持たないでしょう。

ましてや、プライベートでお客様と会うことを禁止している会社もあるはずです。

私の場合、会社が自由でしたし、ちょっと経験するだけでもおもしろいかな……という気持ちがあったからにすぎません。


相手が好きなこと（X）に関心を持って話を聞くだけでも十分です。

まずは、そこからやってみませんか。

雑談が苦手なら、「週末などは、何をされているのですか？」とお客様にふってみてもいいでしょう。

たったそれだけのことで、断然営業はやりやすくなります。

38

営業は、ゲームである

営業職を経験して、つくづくよかったと思うことがあります。

「どんな逆境でも、必ずなんとかなる」

そんな成功体験を何度もできたことです。

もし、あなたが逆境にぶつかったら「チャンスが来た」と思ってください。

私も営業をしていて、色々な逆境がありましたが、振り返ると経験できて本当によかったな、と思います。

中でも忘れられないのが、冤罪（?）によって出入り禁止になったことです。

そのお客様は、中央市場の社長。職人気質の寡黙な社長でした。

その時、私は求人広告の営業をしており、その社長から「求人があるかもしれないので、毎週電話してほしい」と言われていたのです。


ある時、困ったことが起こりました。

既にその週は求人広告の発注をいただいていたのです。

なので、普通に考えると電話で確認をする必要はありません。

それどころか、言われた通りに電話をかけると、叱られるリスクすらあります。

求人を出している社長に対し「もっと求人を出しませんか？」と言うようなもので、「そこまでして数字がほしいのか！」と誤解を招く可能性があるので、やるべきではないでしょう。

でも、「毎週電話をしてほしい」と言われていたので、困ったわけです。


色々と考えると、継続して求人広告を出される可能性もゼロではありません。

迷ったあげく、とりあえず電話することにしました。

電話口に出たのは、受付の事務の方でした。

「今、求人されているところなので、不要と思いますが、社長から言われていたので……」とエクスキューズを伝えながら、恐る恐る電話をしました。

しかし、恐れていた事態が起こりました。

「社長、リクルートの伊庭さんからです。来週も募集しますか？って」

「なに？　今、求人出しているところなのに？　がめつい奴やな。もう2度と来るな、と伝えといてくれ」

「おいおい、ちゃんと伝えてくれ……」と嘆いても始まりません。

釈明をしたいと思い、飛んで事務所に伺いました。

でも、会ってくれません。

その後も、毎日通いましたが会ってくれません。

逆境をどう捉えるか

あなたなら、どうしますか？

営業の効率だけを考えると、これ以上通っても芽がないと判断し、「営業先から外す」こともできたでしょう。

しかも冤罪ですから、怒りたいのはこっちのほうです。

私は、ふと考えました。

せっかくなので、自分を鍛えるチャンスにできないかな……と。

「期限は１年。壊れた関係を回復させるゲーム」と考えてみてはどうだろうと。

１年たって、見込みがなければ私の負け、それ以上の深追いはやめる、と決めたのです。

1週間に1回、飛び込み訪問を行うものの、もちろん会ってはもらえません。

手紙とお役に立てそうな情報を置いて帰るだけの状況がしばらく続きました。

3か月たっても、まったく変化はありません。


半年が経とうとした時のこと。ようやく連絡をもらいました。

「求人を出すことにした。最短でいつだ？　気が変わらんうちに、最短で同じ原稿で出しておいてくれ」と。

そこからは、何事もなかったように、以前のような関係が始まったのです。

なぜか、取引も以前より増えました。


もし、営業で逆境だな……と思ったら、自分を鍛えるチャンスだ、と考えてみてはどうでしょう。

もしくは、ゲームと考えてもいいでしょう。

とはいえ、営業は効率も大事。

ですので、期限を決めるのもオススメです。

その期間で得た力は、間違いなく、今後の人生を切り開く力となって蓄積されます。

そして、これには後日談があります。

偶然その10年後に、私は営業部長として、その部署に戻ってくることになったのです。

そして、部下から共有を受けました。

「以前、伊庭という営業がいて、よくやってくれた。どうしている?」と。

営業はこの繰り返しです。

39

「数字のため」では、営業は務まらない

先ほど、「逆境」はなんとかなる、と申しました。
でも、なぜそこまでして、頑張らねばならないのでしょう。
数字のため？
責任感？
お客様のため？

私は、こう考えます。
最初は、「数字のため」でもいいでしょう。
このお客様から売上がほしい、と。

でも、これだけでは、私はあまりに寂しいと感じてしまいます。

時間の経過とともに、「このお客様のために」といった気持ちを感じてこそ、営業の醍醐味があるように思うのです。

営業は「片思い」からすべてが始まる

ある飲食チェーンの社長のことを今も思い出します。

前任の営業担当者とソリがあわず、その前の担当者ともソリがあわず、私が引き継いだ時は関係がこじれてしまっていました。

もはや会社の事務所にも入れてもらえない状況になっていたのです。

インターホン越しに、窓口の方との会話しかできない、そんな状況にまで悪化していました。

「また、ご状況だけでもお伺いできればと思い、参りました」

「社長が、いつもと同じ原稿でよいと申しておりますので、お願いします」

そんな御用聞きだけしかできない状況だったのです。


正直に言うと、それでも訪問し続けるのは、「契約をもらうため」でした。

でも、次第に、それだけではどことなく後ろめたい気持ちになりました。


「お客様のために何かできないかな」と思い始め、やってみたことが、「儲かる話」を持っていくことでした。


受付の方に、提案書にもならない数枚のレポートを渡してみることにしたのです。

内容は、「お客様のいないアイドルタイムを使い、レストランウエディングの需要を開拓すれば、新たな売上に寄与するのでは」といったレポートでした。

効果はてきめん。すぐに連絡をもらいました。

「話を聞きたい」と。

初めて応接室に通していただき、お話を伺うことに。

当時、私が勤めていた会社には、レストランウエディングのノウハウを持つ専門部署があり、その営業担当をつなぐことにしました。

さらに、私からも最高のウエディングができるよう、経験者の採用をすることを提案。

その結果、求人広告の掲載をいただき、数名の経験者が採用できたのです。

この一件を境に、人事異動で担当を離れることになるまで、事務所の中に通していただけるようになり、その後も取引はさらに増えました。

とはいえ、そんなに特別なことはしていません。

普通に、社長のお話を伺い、社員採用の提案をしていた、そんな関係です。

驚くことが起こったのは、私が異動することの挨拶をした時でした。

なんと、私の壮行会をしていただけると言うのです。

これには驚きました。
壮行会では、社長が経営するイタリアンのお店で、ワインをご馳走になりました。
酔いも回り、ふと、普段は聞けない本心を聞いてみようと、社長に尋ねました。
「私は、ここまでやっていただけることはしていません。
でも、なんでここまでしていただけるのですか？」と。
返事はこうでした。
「ほとんどの営業は、取引にしか関心がない。
でも、あなたは、きちんと話を聞いてくれたし、関心を持ってくれた」

私には、１つの確信があります。
営業は、「片思い」からすべてが始まる、ということです。
関係がいいからよい仕事をする、では営業は務まりません。
こちらから関心を持ち、しかるべき行動をとる。
すると、その見返りを期待せずとも、相思相愛になることができます。

なので、お客様との関係が冷えている時、あなたの方からお客様に関心を持ってみてください。

「何をすれば喜ばれるかな……」と。

「苦手なお客様を好きになれ」とは言いません。

でも、好きでなくとも、関心は持てます。

そして、次第に好きになることも多いものです。

第6章

替えがきかない営業として「頼られる」

40

簡単に「切られない」営業とは

私が、営業を始めたばかりのこと。
トップセールスだった上司から教わったことがあります。

「商品のよさだけで契約したお客様は、他社がいい商品を提供すれば、縁が切れる。
値段の安さで契約したお客様は、他社が安い商品を提供すれば、縁が切れる。
しかし、営業への信頼で契約してくださるお客様は、何があっても縁は切れない」

本当にその通りだと、しみじみ思います。

私が通うクリニックで実際に見たシーンを紹介します。

待合室で待っていると、製薬会社の営業（MR）が院長にこんなことを言われていました。

この営業さんは「何でつながっている」のかを想像してみてください。

院長「薬の在庫がないのはわかるけど、在庫がないからムリです、と言われてしまうと、コチラとしては困る。申し訳ないけど、他の製薬会社さんにお願いすることにした。これからは、この薬だけ、お願いすることにしますね」

営業「すみません……」

いかがでしょう。

何でつながっていると思いましたか。

簡単ですよね。そうです。

「商品のよさでつながっている」関係です。

商品が途切れたと同時に、縁も切れる、まさにそんなシーンでした。

お客様と「信頼」でつながる営業とは

では、どうすればよかったのか。

今できることを精一杯する、が正解です。

在庫がなくても「今、用意できる薬を提示する」ことをしなければなりません。

実は、製薬業界では、薬の在庫がなくなることはよくあること。

もちろん、それだけでは足りません。

「今は代用でしのぎながらも、このタイミングではこの個数を確保できるように折衝します。進捗があり次第、報告します」と、対症療法だけではなく、本質的な対処を詰めておく必要はあります。

このように、できる限りのことをするからこそ、「頼りになる」と思われるのです。

さらに言うと、お客様が期待していたより早く、解決することができれば完璧です。約束に甘えずに、期待を超えるよう心掛けてみてください。

「頼りになる」と思われるはずです。

もしそれができなければ、進捗を報告することも有効です。

「他の部署にも確認を入れております。また進捗があれば報告いたします」と。

どうでしょう。

あなたは、ここまでやっていますか。

トップセールスは、間違いなくやっています。

「私の気持ちを言わずともわかってくれる……」

「常に、私の視点で考えてくれる……」

つまり、「**本気でやってくれている**」、**そう思われることこそが、信頼でつながる営業なのです。**

この章では、そう思われるためのセオリーを余すことなく紹介します。

「何」でつながっているのかを常に意識する

× **商品でつながる関係**

あのクルマが欲しい。
別に、営業は誰でもいい。
(あなたでなくてもいい)

× **安さでつながる関係**

あのクルマが欲しい。
あの営業にお願いすれば安くしてもらえる。
(安くできないと無価値)

◎ **信頼でつながる関係**

あのクルマが欲しいが、あの営業から買いたい。
(そのクルマがなくとも、あの営業から他の車種を買う)

41 最短で「信頼」をもらうシナリオ

営業経験が浅い人はもちろん、担当を引き継いだ際は、なかなか信頼されにくいことが多いものです。

だからこそ、知っておくべき法則があります。

「**ジョハリの窓**」で考える、です。

ジョハリの窓とは、「相手が知っていること」「自分が知っていること」で整理したマトリクスのことです。

このジョハリの窓を意識した行動をとることで、自分が何をすれば信頼を得られるかを考えやすくなります。

左図をご覧ください。

これが、お客様とあなた（営業）のジョハリの窓です。

信頼を得るためには、お互いが知っている「解放の窓」で会話する関係を目指しましょう。

2つのアプローチで最短で信頼を得る

目指すべきは「ウチのことをよく知ってくれている」「イチ言えば、すべてが通じる」、そんな状態。

まずは、ここを目指すわけですが、もちろん一足飛びにはいきません。

とるべきアプローチは2つあります。

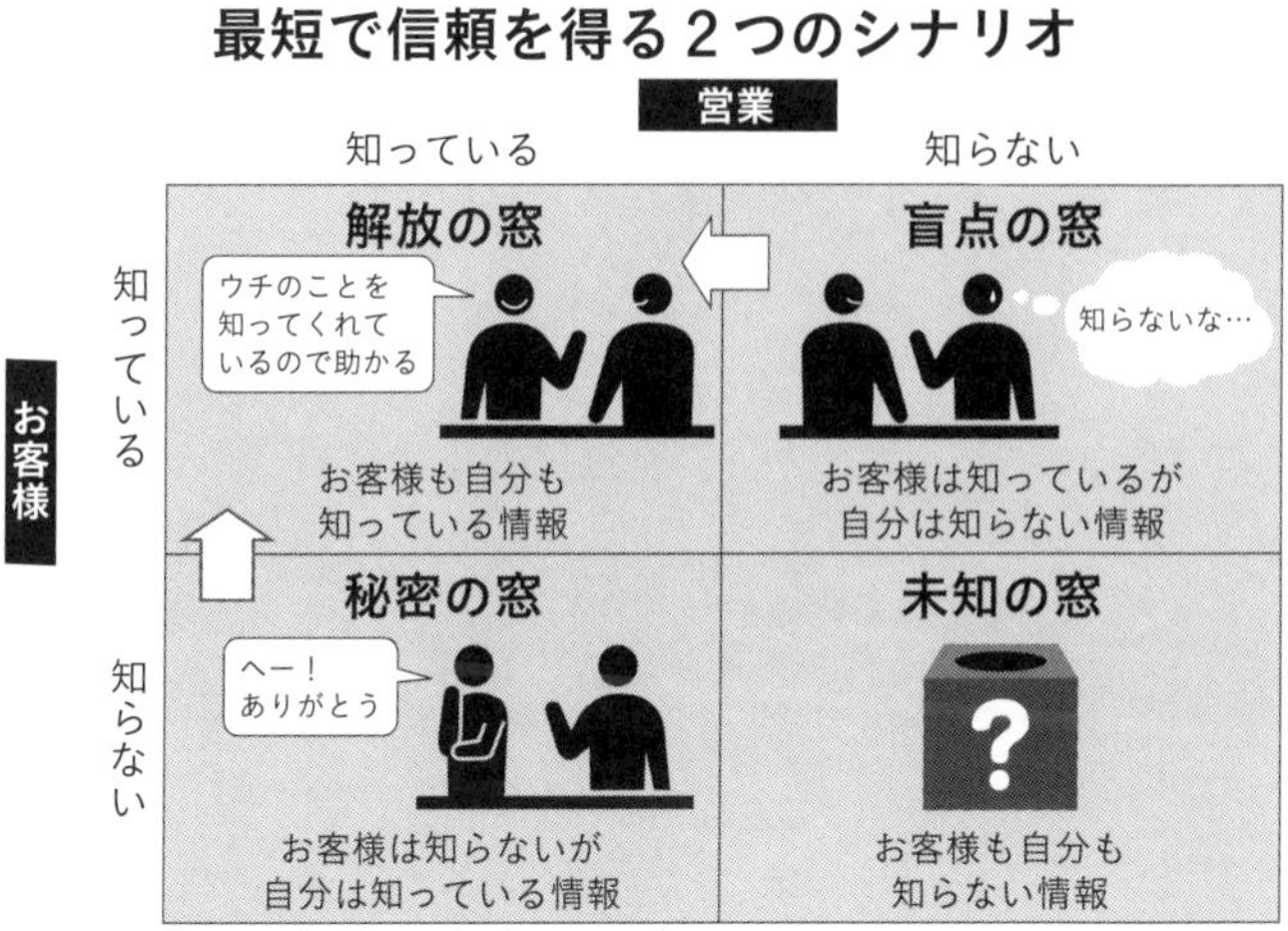

1つ目のアプローチは、「秘密の窓」で感謝される会話をすることです。

お客様が知らないものの、お客様にとって関心のある情報を持っておくことで、**お客様から感謝される会話**ができるようになります。

例えば、他のお客様の成功事例。業界の潮流を把握しておくことは鉄板です。同僚が持っている情報にも、アンテナを張っておくといいでしょう。

また、日ごろから「日経新聞」や「業界新聞」にも目を通しておくことや、YouTubeなどのSNS、ビジネス書を通じて、情報を仕入れておくこともオススメです。

「先週の新聞に出ていたのですが、＊＊社が＊＊をされたそうです」

「え、そうなの？」

という会話を目指してみてください。

そして「超」オススメなのがこれ。

お客様が管理職や経営者なら、**お客様の「現場」の情報を知っていると、かなり喜ばれます。**

意外と、現場が「秘密の窓」であることも多いからです。

「先日、＊＊営業所の＊＊さんから教えていただいたのですが……」

「え、そうなの？」

という会話をできるようにしてみてください。

現場のことに関心のないキーマンはいません。やらない手はないでしょう。

2つ目のアプローチは、「盲点の窓」をできる限りつくらないことです。

例えば、「今までの取引状況」「前任者との会話内容」、そして「お客様の基本情報（ホームページの情報）」など、**当たり前のことを知らないと失点につながります。**

「え、聞いていないの？」「前はやってもらっていたけど」「ウチの社長のこと知らないの？」、そうは言われたくないものです。

あなたは大丈夫でしょうか。

挽回不能とは言いませんが、「前の担当のほうがよかった」と思われかねません。

できる限りでよいので、調べておきましょう。

まずは、この2つを意識してみてください。

今何をするべきかが、見えてきませんか。

「解放の窓」、つまり、「ウチのことは、あなたに任せれば大丈夫」と思われる。

そんな関係で営業ができるようになります。

42

「ワンストップサービス」を心がける

どんな業種の営業であっても、お客様から信頼を得る方法があります。

ワンストップサービスを心がけることです（これも、前項で紹介した「解放の窓」の関係です）。

例えるなら、「かかりつけ医」のようなもの。

「困った時は、この人に相談してみようかな……」

何かあったら、「この人に」、と思ってもらえる関係をつくるのです。

例えば、私もこんな経験があります。

「大人が踊れる店を探しているんだよね」（中高年の人が楽しめるディスコのこと）
「この辺で接待できるオススメの店って、なかなかないよね？」
「駅前の土地を買ったんだけど、何屋さんをしたらいいのかな……」
など、お客様から聞いた話を元に情報を探したことは、枚挙にいとまがありません。

もちろん、私はディスコや料理屋の紹介業者でもありませんし、ましてや、不動産は門外漢です。ジョハリの窓で言うと、お互いが知らない「未知の窓」です。

だからと言って、**「知りません」と答えてしまうようでは、ワンストップサービスの血が許さないわけです。**

ネットで情報検索してみたり、別のお客様に聞いてみたり、同僚に聞いてみたりしながら、できる範囲ながらもなんとか回答を示すことはします。

こうすることで、お互いにとっての新しい「解放の窓」をつくる作戦に出るわけです。

「○○」をすれば、お客様はあなたに頼りやすくなる

でも、こう思いませんでしたか。
そう簡単に、お客様は頼ってくれるのか……と。
大丈夫です。実は、簡単。
鍵は、普段から「営業以外」の話をすることです。
つまり、雑談をしてください、といった簡単な話です。

先日、ある営業の方とこんな会話をしました。

私　「個人カードから法人カード（クレジットカード）に切り替えようと思っているんですよ」
営業「どうしてなんですか？」（※彼は、クレジットカードの営業ではありません）

私　「経費精算が面倒で……」
営業「どこのカードにされるのですか？」
私　「どこがいいのか、わからないんですよね。何か情報あります？」
営業「では、お客様や社内で聞いてみましょうか？」
私　「それは助かります」

なんと、その日の夕方にメールが送られてきました。

そのメールには、こう書かれていました。

「聞いたところでは、ポイント還元を狙うならココがいいようです。

付帯サービスを狙うならココがいいとの声がありました。

加えて、口コミサイトのＵＲＬも添えますね。ご参考になれば幸いです。

加えて、前者のカード会社ですと、社内のネットワーク（人脈）を使って、営業担当のご紹介もできますので、おっしゃってください」

いかがでしょう。

私が信頼を寄せる理由を感じていただけたと思います。

ちなみに私は、ご紹介をいただき、前者のカードに入会をしました。


営業ほど、多くの人と会っている仕事はなく、ネットワークを使えばお客様の知らない情報を簡単に集めることもできます。

加えて、同僚が知っている情報ネットワークを駆使することができるのも営業の特権です。


「いったん、あの人に聞いてみよう」と思ってもらえる存在になれると、営業が断然おもしろくなります。

まずは、雑談をしてみましょう。

43 「ムリなお願い」をされた時の〝うまい切り返し〟

お客様は神様、というわけではありません。

「値引きをしてほしい」「納期を急いでほしい」といった要請を受けることはないでしょうか。

お客様からの要請とはいえ、不利な条件で契約をしてしまうのはどうかと思うのです。

だからといって、「できません」「難しいです」と断ってしまうと、二度とチャンスはなくなります。

まさに、先ほどのクリニックはこのケースでしたよね。

では、営業としては、どうするべきなのか。

先ほどのクリニックの事例では「できることは精一杯する」と申しました。

もう少し、具体的に説明しますね。

「Ｎｏを言わずに、代替策を示す」、このパターンを詳しく解説しましょう。

まず、最初にやってはいけないパターンを紹介します。

無茶な値引きを交渉されたシーンを見てみましょう。

営業　「1個200円でいかがでしょうか？」

お客様「高すぎだよ。100円だったら検討するけどね。できる？」

営業　「ええ、それは厳しいです……」

お客様「じゃ、いくらならできるの？」

営業　「ええ……、190円でいかがですか？」
お客様「じゃ、ダメだね」
営業　「ええ……、では、180円ではいかがでしょう？」

この商談は、みごとに交渉の罠に引っかかっています。

この罠を、「二分法の罠」と言います。

二分法の罠とは「できるか、できないか、どっち？」といったように、答えを「はい、いいえ」と迫られてしまい、不利な状況に追い込まれること。

これでは、とても頼られる存在にはなれません。

まさに〝業者扱い〟です。

ムリなお願いは、4つのステップでこう切り返す

では、正解のパターンを見てみましょう。

まず、やるべきは**「４つのステップ」で調整すること。**こんな感じです。

【Step①】事実確認

お客様「高すぎだよ。１００円だったら検討するけどね。できる？」
営業「１００円ですか……。
想定していなかったので、ぜひ伺っていいですか？
１００円とおっしゃるには、背景があると思うのですが、何かあるのですか？」
お客様「そりゃ、今は仕入れ価格が上がっているので、少しでも下げないとね」
営業「そうでしたか……。
１００円である理由は、どんな理由でございますか？」
お客様「いや、１００円に理由はないけど、少しでも下げたいんだよ」

ここで、１００円にしないといけない理由はないことがわかりました。

次にお客様の「ニーズ（今、求めていること）」を確認します。

【Step②】ニーズ確認

営業　「ところで、今回、弊社の話を聞いてくださったのには、何かご期待があってこそだと思うのですが、差し支えなければ、お伺いしてもよろしいですか？」

お客様「そりゃ、お客様に目新しい商品を揃えておく必要があるからね」

ここで、お客様の「ニーズ」が確認できました。

さらに、「ご不安」な点を確認します。

【Step③】不安の確認

営業　「期待していただき、ありがとうございます。今でも十分ではないか、と思うのですが、どうして品揃えを気にされるのですか？」

お客様「最近は、人気商品の入れ替わりが早く、常に新しい商品を揃えておかないとお客様が不満に感じてしまうからね。難しい時代になったよ」

お客様の「不安」を聞けました。

さて、ここでいよいよ「代替策」を示します。

【Step④】代替策の提示

営業「教えていただき、ありがとうございます。ここまで伺いながら、申し訳ございません。100円では難しいのが現状なのです。例えば、いかがでしょう。お客様を飽きさせない企画のご提案をさせていただきましょうか。POPを作成するなど、販促企画をこちらでさせていただきます。きっと売上に貢献できると存じます。実際、他のお客様でも、売上が上がり、喜んでいただいています」

いかがでしょう。

こちらだと信頼されませんか？

まず、「できる、できない」で回答をしようとしないでください。聞き手に回った上で、交渉のカードを引き出し、その上で代替策を示すほうが、むしろ営業としてより信頼されるのです。

ここで整理しておきましょう。

営業が信頼を得る条件は、「お客様のニーズ」と「お客様の不安」に応えることです。言いなりになることではありません。

なので、このケースのようにムチャな交渉をされた時はもちろんですが、簡単な「お願いごと」、**例えば納期調整、品質調整であったとしても、対応が難しい際は「できる・できない」で回答しないでください。**

「お客様のニーズ」「お客様の不安」を聞くことが鉄則なのです。

最初は、「難しい！」と感じるかもしれませんが、慣れの問題です。

このパターンを習得すれば、お客様からムリなお願いをされたとしても、頼りにされる営業になること間違いなしです。

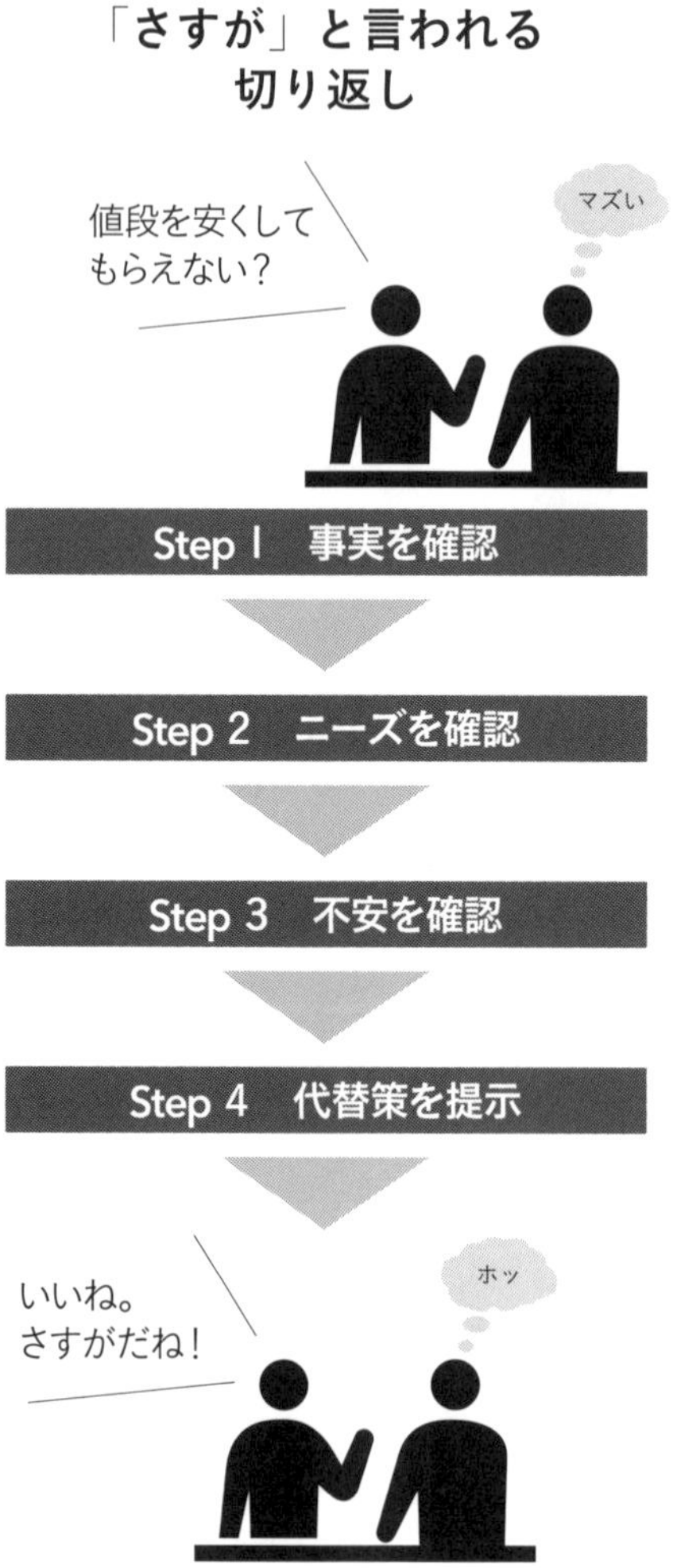
「さすが」と言われる
切り返し
値段を安くして
もらえない？
マズい
Step 1　事実を確認
Step 2　ニーズを確認
Step 3　不安を確認
Step 4　代替策を提示
いいね。
さすがだね！
ホッ

44 関係のレベルをグッと上げる

ここからは、関係のレベルをグッと上げる方法を紹介します。

お客様から「参謀」と思ってもらえる方法です（「解放の窓」をより素敵な窓にする方法とも言えます）。

たとえ話にはなりますが、リフォームで窓を入れかえる時もそうであるように、営業が「素敵な窓」を提案するには、お客様の嗜好を知らないと、うまくいきません。「この工務店なら、何も言わずともわかってくれる」と思えるからこそ、よい関係になれるわけです。

そして、これは営業もまったく同じ。

営業がそう思われるためには、**やはりお客様のことを知ることが必須というわけです。**

でも、正直に言いますね。

最初は、アレもコレも知らなくてもいいんです。

ただ、次のことを知っておくと、センスのよい提案ができるようになります。


【知っておきたいお客様の情報】
①お客様の「現在地（今の状況）」
②お客様の「ゴール（目指す姿）」
③お客様の「シナリオ（戦略）」
④お客様の「課題（不足していること）」

ヒアリングすべき4つのポイント

解説しますね。
前の項で紹介したクリニックへの営業の例で考えてみましょう。

①お客様の「現在地（今の状況）」

例えば、どんな患者さんが多いのかを知ることも「現在地」に相当します。
患者さんは、クリニックにとって、経営を左右する重要な顧客だからです。
近隣のご高齢の患者さんが多い、などが該当します。

②お客様の「ゴール（目指す姿）」

「目指す姿」や「目標」などをヒアリングします。

「今後、目指していらっしゃる目標、方向性を伺えればと思っていたのですが……」

など、患者数を増やすのであれば、いつまでにどのくらい増やされるのか、言える範囲でいいので教えてもらいます。

③お客様の「シナリオ（戦略）」

次は、「そうなるための具体策（シナリオ）」をヒアリングします。

（例）「具体的には、どのようなシナリオをお考えなのでしょうか？」

「今は高齢者が多いので、若い患者さんの定期健診を増やしたいんだよね」

④お客様の「課題（不足していること）」

次は「ご不安な点」をヒアリングします。

（例）「もし、あればですが、懸念されていることは、ございますか？」

「ウチが定期健診をしていることをＰＲする方法がわからないんだよね……」

まず、できる範囲でよいので、この４つをヒアリングしてみてください。

お客様を深く知る4つのポイント

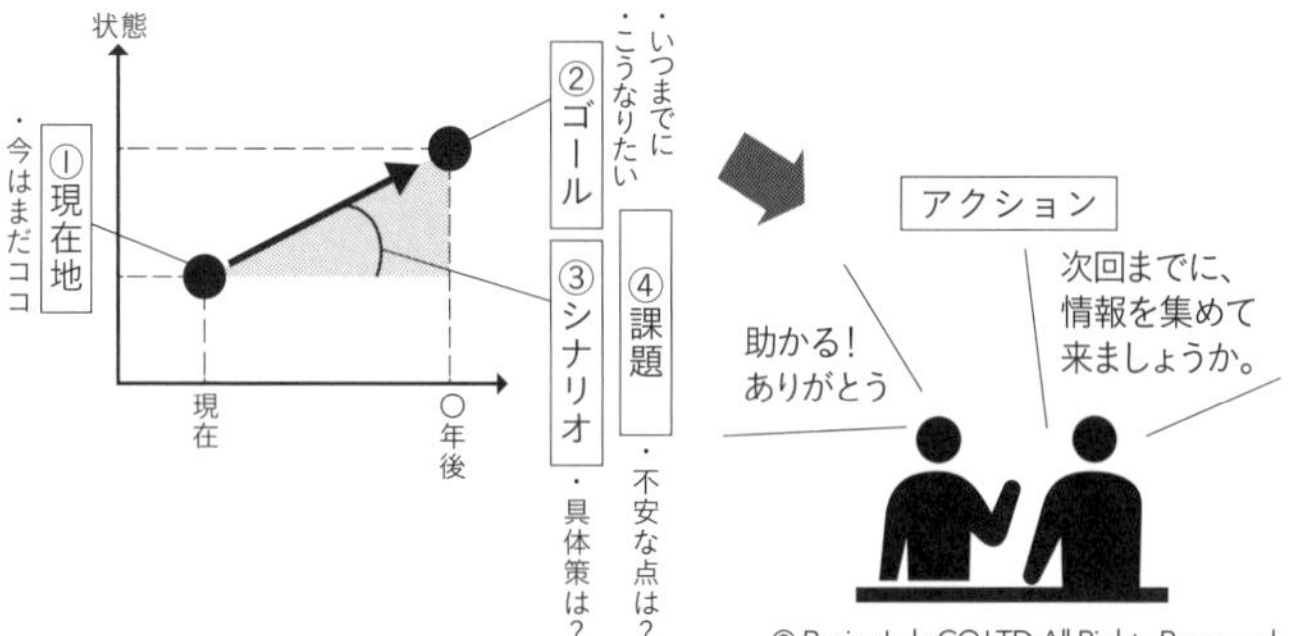

その上で、営業として、「何ができるのか」を考えるわけです。

簡単なところでは、「まずは情報を集めて、教えて差し上げよう」でもいいでしょう。

可能なら、「知り合いを紹介しましょうか」までできれば、かなり喜ばれるはず。

前の項で紹介した、欠品が続き切られてしまったMRさんも、これができていれば、そう簡単には切られなかったはずです。

まずは、聞ける範囲でいいので、①〜④を聞いてみてください。

意外と、教えてくれることが多いものです。

45

お客様の「参謀役」になる

さらにレベルを上げていきましょう。
よりお客様のことを理解するフレームを紹介します。
「**3Cフレーム**」です。

3Cとは、3つの要素の頭文字を指します。
会社の事業環境を俯瞰して分析する有名なフレームなので、知っておいて損はないはずです。

【3Cフレーム】
・お客様の「会社（Company）」を知る（先ほどの4つの要素のこと）
・お客様の「お客様（Customer）」を知る
・お客様の「競合企業（Competitor）」を知る

この3つのことを知っておくだけでも、お客様への理解レベルがさらにアップします。

私が講師を務める営業研修でも紹介する基本のフレームです。

■お客様とワンランクアップした会話をするコツ

では、どんな効果があるのか、私が求人メディアの営業をしていた時のケースを紹介しますね。

当時の私は「かつ丼チェーン」のお客様を担当していました。

ある時のこと、役員さんがこうおっしゃったのです。

「近くに新しいかつ丼屋ができたんだけど、ウチのマネをしているんだよね。器のデザイン、雰囲気……似てるんだよ。おもしろくないよね。マネされると」


さて、あなたなら、どうしますか。


私は、そのオープンしたばかりのかつ丼の店に食べに行きました。

役員さんへのお土産のネタを探すためです（ジョハリの窓で言うと、「秘密の窓」での会話をするため）。


3Cを知っていると、情報を整理しやすくなります。

実際、お店を観察してみると、あることが見えました。

確かに店の雰囲気や食器は似ていました。

でも、3Cで整理すると、まったく別の商売であることがわかったのです。

役員さんのかつ丼屋は、ビジネス街で働く人がお客様で、「毎日食べても飽きないかつ丼」がウリです。

メニューも30種類ほどあり、今日は「キムチかつ丼」、明日は「おろしかつ丼」といったように、〃毎日、通いたくなる店〃がコンセプトだったのです。

しかし、新しくできたかつ丼屋の顧客は観光客。メニューも3種類。一見のお客様に「お決まりのかつ丼」を食べてもらう、そんな商売です。

つまり、まったく「別の商売」だったというわけです。

そこで、すぐに役員さんに連絡をしました。

そして、このように報告しました。

「確かに似ていますが、恐れるに足らずかな……と思いました。

まずターゲットも違いますし、こだわっていらっしゃる点が違います。

我々は、〃毎日食べても飽きないかつ丼〃がこだわりですが、むこうは、〃一見さんで勝負〃の商売です。あまり、気にしなくてもよいのでは……」

これがきっかけで、色々な相談をいただくようになりました。

ただ、「あの店、食べてきました」だけでは、参謀にはなれません。

ぜひ、あなたもお客様を「3C」の切り口で考えてみてください。

きっと、お客様の視点で、考えられるようになるはずです。

場合によっては、このケースのようにお客様以上に考えられるはずです。

お客様にヒアリングをするのも手ですし、ホームページでわかる範囲で仮説を立てるのも手です。

この3Cでお客様の状況を整理するだけで、お客様とワンランクアップした会話ができるようになります。

46 「ソーシャルスタイル」を察知する

さて、ちょっと角度を変えた話もしますね。

私は、信頼を得るためには、**相性のよし悪しもある**と強く感じています。

あるお客様とは信頼が築けても、あるお客様とはうまくいかない、といったことはないでしょうか。

もし、あらゆるタイプと相性を合わせるテクニックがあるとすれば、これほど強力なスキルはないでしょう。

その誰とでも相性を合わせるスキルこそが、「ソーシャルスタイル理論」なのです。

１９６８年、アメリカの産業心理学者、デビッド・メリル氏が提唱した、今や世界に広まるコミュニケーション理論。

この理論を知ると、「苦手だな……」と思ったお客様からも頼りにされやすくなります。

まさに、私もこの理論に助けられた1人。

時間をかけずとも、どなたともより関係を築けるようになりました。

営業なら知っておきたい4つのタイプ

この理論によると、人は4つのコミュニケーションスタイルに分かれます。

次の図をご覧ください。

まずは、各タイプの特徴を知ることで、**あらゆるタイプと相性を合わせた会話ができるようになる**のです。

では、各タイプの特徴と対策を紹介しましょう。

相手のタイプを見抜くソーシャルスタイル理論

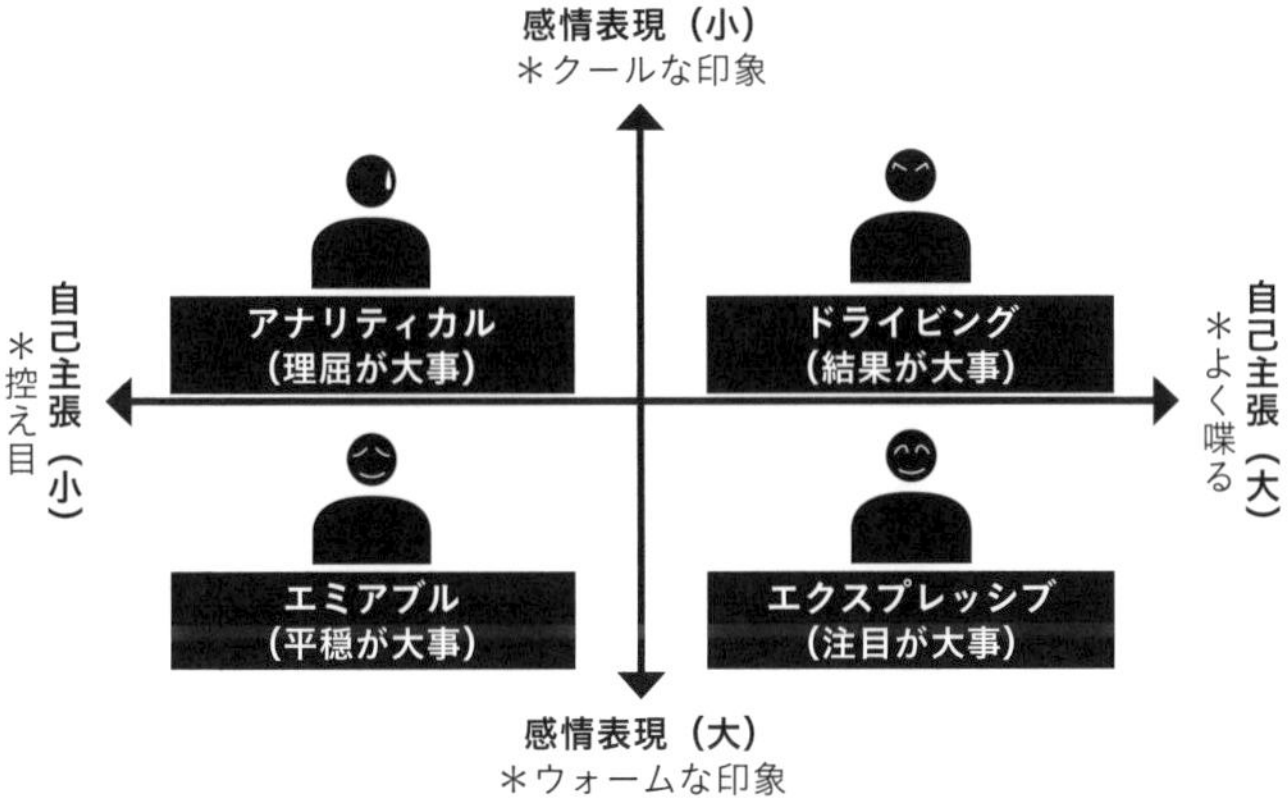

ドライビングの特性【例：ひろゆきさん、堀江貴文さんなど】

【印象】クールな印象で、主張が強い。

【口癖】「そんなのムダ」「結果が大事」「もっと早くできない？」など。

【判断の基準】合理的に目的を達成させたい。

【会話の傾向】感情（表情）は出ない。早口で淡々と意見を言う。

【仕事の進め方】せっかちで負けず嫌い。厳しい判断も辞さない。

《このタイプと相性を合わせるコツ》

・彼らがやりたいことをサポートする姿勢が大事（軽率に反論してはダメ）。
・基本は聞き役にまわる。
・納期を明確にする（「すぐにやります」はNG。納期が曖昧だとストレスに）。
・提案は2〜3案の選択肢を（1案だとストレスに。彼らは自分で決めたい）。

エクスプレッシブの特性（例：明石家さんまさん、久本雅美さんなど）

【印象】賑やかな印象で、明るい。よく喋る。
【口癖】「かなり」「いつも」「ドカンと」など、曖昧な言葉や擬態語が多い。
【判断の基準】自分（またはチーム）が話題の中心になりたい（目立ちたい）。
【会話の傾向】感情（表情）は出る。早口で明るい雰囲気で、よく喋る。
【仕事の進め方】感覚やノリを大事にする。新しさや話題性のあることが好き。

《このタイプと相性を合わせるコツ》

- きちんと共感をする（無反応はダメ。彼らは反応がないと不安になる）。
- このタイプも、基本は聞き役にまわる。
- 結論は早めにもらう（先延ばしはNG。言うことが変わりやすい）。
- 新しさや注目される提案がベター（彼らは二番煎じの提案を好まない）。

エミアブルの特性（例：笑福亭鶴瓶さん、ヒカキンさんなど）

【印象】おだやかな印象で、どちらかと言うと、相手に合わせる。

【口癖】「みんなの納得が大事」など、１人で決めることを避ける言葉や、「どうしたらいいかな？」など、周囲の意見を尊重する言葉が多い。

【判断の基準】争うことを好まず、みんなの気持ちを優先する。

【会話の傾向】感情（表情）は出る。話すより、聞き手にまわることが多い。

【仕事の進め方】独断で決めず、関係者の意見や気持ちを尊重。

《このタイプと相性を合わせるコツ》

・人間関係を重視するタイプゆえ、仕事以外の雑談も大切。

・聞き役にまわり、相談に乗るイメージがベター。

（営業は、相手がどのタイプでも聞き役に徹するのが基本）

・決断の背中を押してあげる。または、納期を明確にしてあげる。

（彼らは決めるのが苦手なため、先延ばしになりやすい）

アナリティカルの特性（例：タモリさん、森保一監督など）

【印象】寡黙な印象で、言葉を選んで話す。

【口癖】「データでは」「歴史を見ても」など、正確かつ事実に基づく会話が多い。また、「そもそも」など前提や理屈を大事にする。

【判断の基準】自分自身の納得感を重視（理屈に合っているかどうか）。

【会話の傾向】　感情（表情）は出ない方。寡黙、もしくはゆっくり話す。
【仕事の進め方】丁寧で慎重。些細な点にこだわる傾向がある。

《このタイプと相性を合わせるコツ》

・彼らの理屈に関心を示す（彼らは、理屈に合わないと納得しにくい）。
・聞き役にまわりながら、理屈を確認する。
・決断を促す際は慎重に。データや事実を示し、丁寧に懸念事項を解消する。
（ノリで決めるのが苦手なため、「とりあえず」とは言わない方がベター）

ソーシャルスタイル理論は、すぐに実践できることが最大の魅力。
私が登壇する研修でも紹介しているのですが、本人はもちろん職場でもすぐに取り入れられると喜ばれています。ぜひ、これから「この人はどのタイプだろう」と考えながら接してみてはいかがでしょう。対人力が上がること間違いなしです。

47

絶対に「忙しさ」のせいにしない

最後に、もっとも簡単であり、意外とやりがちなことを言いますね。
「忙しい」ことを理由にしないことです。
ちょっと考えてみてください。
「最近忙しくて、連絡ができず、申し訳ございませんでした」
さて、これの何が問題なのでしょう。
簡単です。
「あなたのことより、重要な仕事があったので、忙しくて連絡ができず、申し訳ござ

「いつも、気にかけてもらってありがとうね」を生み出す時間管理

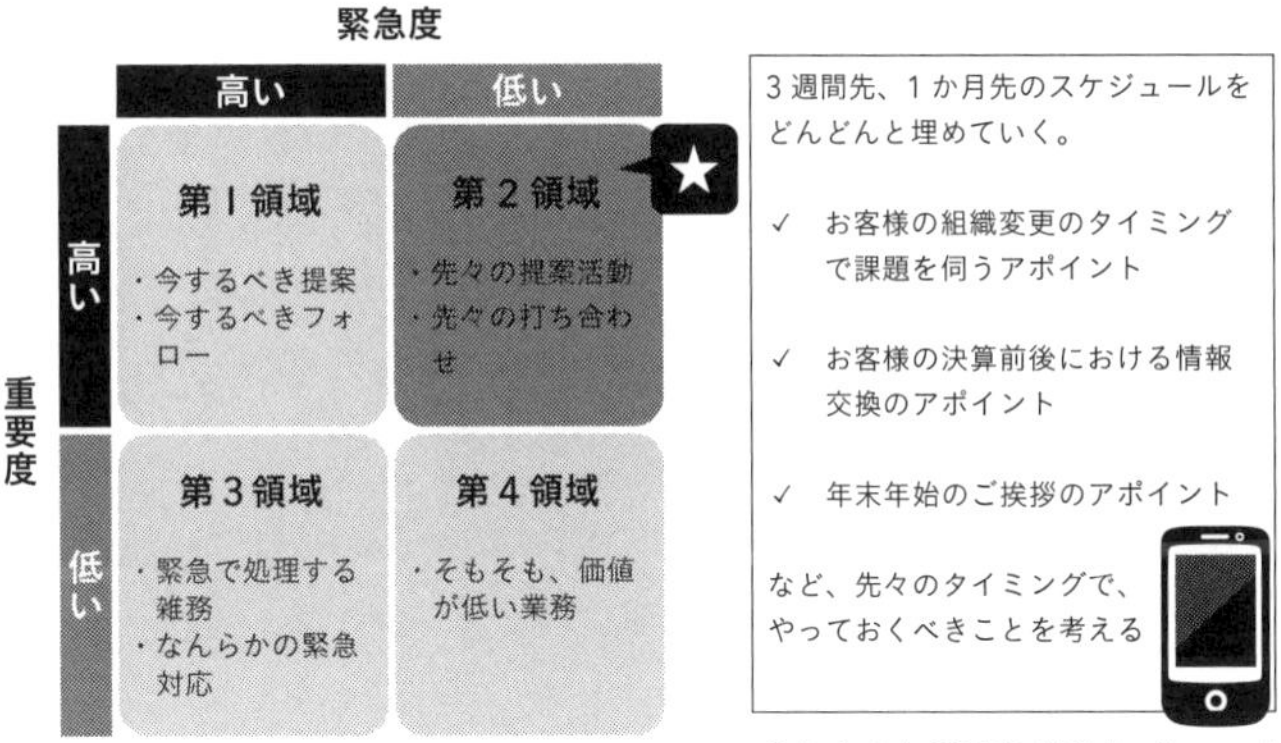
緊急度
高い
低い
重要度
高い
低い
第1領域
・今するべき提案
・今するべきフォロー
第2領域
・先々の提案活動
・先々の打ち合わせ
第3領域
・緊急で処理する雑務
・なんらかの緊急対応
第4領域
・そもそも、価値が低い業務
3週間先、1か月先のスケジュールをどんどんと埋めていく。
✓ お客様の組織変更のタイミングで課題を伺うアポイント
✓ お客様の決算前後における情報交換のアポイント
✓ 年末年始のご挨拶のアポイント
など、先々のタイミングで、やっておくべきことを考える

いませんでした」、これがこの言葉の本質だからです。

「私の段取りが悪く、申し訳ございませんでした」の方がまだマシです。

とはいえ、段取りが悪い人が信頼されることはないでしょう。

なので、営業にとって、「段取り」力を高めておくことは極めて重要なのです。

これを機に、スケジュールの優先順位を確認しておきませんか。

図をご覧ください。

「重要度」と「緊急度」のマトリクスで整

理してみると、段取りのいい人と悪い人は、すぐにわかります。

もちろん、最優先すべきは、第1領域（「重要度（高）」×「緊急度（高）」）です。営業で言えば、今やっておくべき提案活動やアフターフォロー、またお客様からの相談に対する対応等は、その代表です。

では、2番目に優先すべきは、「第2領域」か、それとも「第3領域」か、あなたはどちらだと思いますか。

正解は、将来のタスクである「第2領域」（「重要度（高）」×「緊急度（低）」）です。

実は、半数以上の人が、今すぐに処理する作業、つまり「第3領域」と答えます。

それが大きな間違いなのです。

そうなると時間に追われてしまい、やるべきことが後回しになってしまいます。

余裕を持って動くためのスケジュールの立て方

まずは、先々に向けて、「やっておくべきこと」をリストアップしてみてください。

例えば、お客様の組織変更のタイミング、決算前後、または年末年始、やっておくべきことはないでしょうか。

先手を打って考えることで、余裕を持ってお客様にアポイントの調整をすることができるわけです。

もちろん、アポイントは、緊急を要する「第3領域」のタスクを処理する時間を加味した上でとります。

そうしないと、緊急案件に対応できなくなります。

コツとしては、3週間先、1か月先のスケジュールをどんどん埋めていくといいでしょう。

私もこの時間管理法に変えたことで、先手をとった行動がとれるようになり、「いつも、気にかけてもらってありがとうね」と言われることが増えました。

実際、先々に向けた重要なタスク（第2領域）を先に埋めないと、緊急案件（第3領域）に振り回され、お客様に対して、やるべきことがなおざりになってしまうもの。

ぜひ、第2領域のタスクをリストアップし、どんどんアポイントをとる習慣を整えてみてください。

「いつも気にかけてくれているな……」と思われ、頼ってもらえること間違いなしです。

営業は忙しいのが当たり前。

「忙しい」ことを理由にすることほど恥ずかしいものはない、と肝に銘じておきたいところです。

おわりに　大事なのは「これから」

最後まで読んでいただき、ありがとうございます。

深く感謝申し上げます。


「よし、やるぞ！」と思っていただいているなら、提案をさせてください。

この1か月、何をするのかを決めていただきたいのです。

というのも、本にも研修にも言えることですが、学習しただけで終えてしまう方が多く、残念ながらそれだけでは結果を出すことができないからです。

私はこのことを「空手の本を読んで、空手ができる気分になっている」と例えたりもします。

ところが、1か月だけでも行動を起こすと、必ず変化は生まれます。

やることを書き出してみてください。

アレもコレもやる必要はないでしょう。

絞ることも大事。

そして、ことあるごとに、「できたのか」「できなかったのか」「次はどうするべきか」とセルフチェックをしていただきたいのです。


1件の訪問や商談ごとにチェックをすることもオススメ。

また、1日の終わり、1週間の終わり、そんな節目でチェックをするのもオススメです。確実に変化が生まれるはずです。


さあ、学ぶべきことは、学べたはず。

あとは行動あるのみです。

ぜひ、あなたらしい「気くばり」を発揮してみてください。

「営業ほど、ラクで面白い仕事はない」と思えることを信じて。

伊庭正康

参考文献

『高額商品セールスマンのための驚異のセールス・アクション・プログラム』森鶴夫著、産業能率大学出版部

『完訳　7つの習慣』スティーブン・R・コヴィー著、フランクリン・コヴィー・ジャパン訳、キングベアー出版

『やり抜く人の9つの習慣 コロンビア大学の成功の科学』ハイディ・グラント・ハルバーソン著、林田レジリ浩文訳、ディスカヴァー・トゥエンティワン

『メルセデス・ベンツに乗るということ』赤池学・金谷年展著、日経BPマーケティング

ハーバード・ビジネス・レビュー『「顧客の習慣のつくり方」関連論文』
https://dhbr.diamond.jp/articles/-/5214

『世界の学術研究から読み解く職場に活かす心理学』今城志保著、東洋経済新報社

THE21ONLINE『売れない営業マン「5つの言動」とは？』
https://the21.php.co.jp/detail/4894

『HOW TO SELL 100 CARS A MONTH』Damian Boudreaux・Ali Reda著、Thanet House Publishing

産経ニュース『勤務時間外の業務連絡　72・6%「拒否したい」「つながらない権利」求める傾向』
https://www.sankei.com/article/20231207-HY7MKGB265ECREQKUNH3A6HPQ/

著者から継続学習に向けてのお知らせ

本書でご紹介したノウハウをはじめ
実践に向けたヒントと実践法をお届けします。
ぜひ、継続学習にお役立てください。

オンライン学習「Udemy」

営業、時間術、リーダーシップ、ストレス対策等、著者の講座を学べます。

YouTube

仕事に役立つヒントを週に４回のペースで紹介しています。

メルマガ

時間術、リーダーシップのノウハウをお届け。
（全５回、全 14 回）

音声メディア「Voicy」

ラジオ感覚で、仕事に役立つヒントを週４～５回、紹介しています。

各社様で、企業研修を行っております。
株式会社　らしさラボ　研修メニュー　▶▶

※これらのサービスは予告なく終了することがあります。

著者

伊庭正康（いば・まさやす）

（株）らしさラボ　代表取締役

リクルートグループ入社後、法人営業職として従事。プレイヤー部門とマネージャー部門の両部門で年間全国トップ表彰を4回受賞。累計40回以上の社内表彰を受け、営業部長、社内ベンチャーの代表取締役を歴任。

2011年、研修会社(株)らしさラボを設立。リーディングカンパニーを中心に年間200回を超えるセッション（リーダー研修、営業研修、コーチング、講演）を行っている。実践的なプログラムが好評で、リピート率は9割を超え、その活動は『日本経済新聞』『日経ビジネス』『The21』など多数のメディアで紹介されている。Webラーニング「Udemy」でも、時間管理、リーダーシップ、営業スキルなどの講座を提供し、ベストセラーコンテンツとなっている。

『できるリーダーは、「これ」しかやらない』『できる営業は、「これ」しかやらない』（以上、ＰＨＰ研究所）、『「すぐやる人」のビジネス手帳術』（ナツメ社）、『仕事の速い人が絶対やらない段取りの仕方』（日本実業出版社）、『最速で仕事が終わる人の時短のワザ』（明日香出版社）など、著書は累計40冊以上。

無料メールセミナー（メルマガ）:「らしさラボ無料メールセミナー」
YouTube:「研修トレーナー伊庭正康のスキルアップチャンネル」（登録者16万人超）
Voicy:「1日5分　スキルUPラジオ」も放送。

トップ営業の気くばり
「あなたから買いたい」と言われる47の秘訣

2024年5月27日 初版発行

著者　伊庭正康
発行者　石野栄一
発行　明日香出版社
〒112-0005 東京都文京区水道2-11-5
電話 03-5395-7650
https://www.asuka-g.co.jp
デザイン　山之口正和＋齋藤友貴（OKIKATA）
組版・図版　野中賢／安田浩也（システムタンク）
校正　鷗来堂
印刷・製本　中央精版印刷株式会社

ISBN 978-4-7569-2331-8